图解金融学
金融常识一看就懂

马永仁 著

机械工业出版社
CHINA MACHINE PRESS

本书作者以轻松有趣的图文形式，为金融学入门读者量身打造了一本通俗易懂的金融入门读物，内容涵盖资本市场、货币市场、通货膨胀、金融信用、利率的波动、金融工具、个人投资理财等知识。

全书对金融常识进行了系统的梳理和归纳，帮助读者能够在短时间内习得金融知识的精髓。

图书在版编目（CIP）数据

图解金融学：金融常识一看就懂 / 马永仁著. —
北京：机械工业出版社，2019.11
ISBN 978-7-111-64328-9

Ⅰ. ①图… Ⅱ. ①马… Ⅲ. ①金融学—图解
Ⅳ. ①F830—64

中国版本图书馆CIP数据核字（2019）第272372号

机械工业出版社（北京市百万庄大街22号　邮政编码100037）
策划编辑：曹雅君　　责任编辑：曹雅君
版式设计：李雪蓉　　责任校对：李　伟
封面设计：马书遥　　责任印制：孙　炜
保定市中画美凯印刷有限公司印刷

2020年1月第1版·第1次印刷
145mm×210mm·7.125印张·129千字
标准书号：ISBN 978-7-111-64328-9
定价：68.00元

电话服务　　　　　　　　网络服务
客服电话：010-88361066　机 工 官 网：www.cmpbook.com
　　　　　010-88379833　机 工 官 博：weibo.com/cmp1952
　　　　　010-68326294　金 书 网：www.golden-book.com
封底无防伪标均为盗版　机工教育服务网：www.cmpedu.com

前言 像看漫画书一样读金融

金融无处不在并已形成一个庞大体系，金融学涉及的范畴、分支和内容非常广，如货币、证券、银行、保险、资本市场、衍生证券、投资理财、各种基金（私募、公募）、国际收支、财政管理、贸易金融、地产金融、外汇管理和风险管理等。

金融不仅在历史的长河中主宰着各国的兴衰变迁，同时也在现实生活中与我们如影随形。可以说，我们的生活时刻被金融学的影子所萦绕，日常生活的点点滴滴都与金融学有着或远或近的关系。大到国家间的金融博弈，小到利率的升降，莫不与我们的生活息息相关。

尽管金融学渗透到我们生活中的方方面面，但因为其专业性、学术性较强，所以一般读者很难系统性地学习金融常识，更遑论将金融常识运用到生活中。当面对众多复杂的金融术语和令人眩晕的金融数据时，很多人只好选择逃避，于是金融学书籍往往被束之高阁。

因此，我们想写一本人人能看懂并且爱看的金融学图书。为了达到这一目的，我们采用图解的形式讲解金融学，全景式展现金融常识。书中穿插了 180 多张好看、有趣的原创手绘插图，读者可像看漫画书一样阅读本书，看懂金融学，爱上金融学。

本书从与大众生活密切相关的金融知识入手，层层深入讲解金融现象与金融常识。全书共分为三个部分：第一部分主要讲解金融市场的构成，其中重点解读与财富生活密切相关的资本市场和货币市场；第二部分主要讲解与大众生活密切相关的金融常识与金融现象，内容涵盖金融危机、通货膨胀、利率、信用等金融常识；第三部分主要讲解与个人密切相关的理财工具的应用。

书中没有艰深晦涩的专业术语，而是以通俗易懂的语言讲解金融常识，以漫画的形式将金融学的内在原理与奥妙直观呈现出来。读者像看漫画书一样，身临其境地去感受金融学的魅力，迅速了解金融学的全貌，并学会用金融学的视角和思维观察、剖析种种金融现象。

本书是为每个"难以入门"的读者量身打造的轻松、有趣的金融学入门读物，即使是毫无金融常识的人，也能在短时间内习得金融知识的精髓。

读过本书，你会发现，金融学一点也不枯燥难懂，而是如此贴近生活，如此实用。

希望读者在阅读本书后有所启发，运用所学指导自己的行为，解决生活中的各种难题，游刃有余地掌控自己的财富。

作者
2019 年 12 月

目录

前言 像看漫画书一样读金融

第 1 章

什么是金融市场?
金融市场如何影响日常生活?

　　只要是资金交易,就离不开金融市场,金融市场上资金的运动具有一定规律性,资金总是从盈余的地区和部门流向短缺的地区和部门。

图解金融学

金融常识一看就懂

金融市场，资金融通的市场

金融市场又称为资金市场，是资金融通市场，由直接金融市场和间接金融市场的结合共同构成整体，其中资本市场和货币市场则是资本市场的核心。金融市场对经济活动的各个方面都有着直接的深刻影响，如个人财富、企业的经营、经济运行的效率，都直接取决于金融市场的活动。

资金融通是指在经济运行过程中，资金供求双方运用各种金融工具调节盈余资金的活动。这也是所有金融交易活动的总称

金融市场工具是指资金交易活动所使用的各种金融工具，如股票、债券、储蓄存单等

资金融通一般分为直接融资和间接融资两种方式。

间接融资	直接融资
间接融资是通过银行所进行的资金融通活动，也就是资金需求者采取向银行等金融中介机构申请贷款的方式筹资	直接融资是资金供求双方直接进行资金融通的活动，也就是资金需求者直接通过金融市场向社会上有资金盈余的机构和个人筹资

金融市场和其他市场相比具有自己独特的特征。

金融市场是以资金为交易对象的市场

金融市场交易之间不是单纯的买卖关系，更主要的是借贷关系，体现了资金所有权和使用权两相分离的原则

金融市场可以是有形市场，即交易者集中在有固定地点和交易设施的场所内进行交易的市场，也可以是无形的市场，即没有特定地点的交易市场，如股票、外汇通过计算机、手机等交易

金融市场可以将众多投资者的买卖意愿聚集起来，使单个投资者交易的成功率大增，即在接受市场价格的前提下，证券的买方可以买到他想购买的证券数量，卖方可以卖出他想卖出的证券数量，而在买卖双方达成诉求的同时金融交易所也由此诞生，成为金融市场的现实显现。

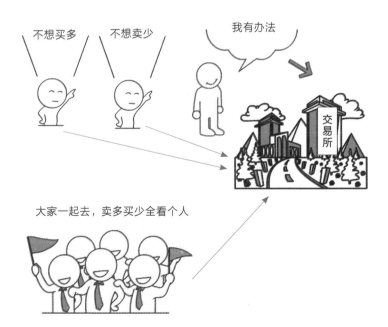

交易所的产生保障了资金流动性。交易所的流动性使得资本在不同的时间、地区和行业之间进行转移，使资源得以配置。金融市场出现的目的是提供交易的便捷，因而流动性就是金融市场的基础经济功能，没有了集中流动性的功能，金融市场就失去了存在的基础。

货币市场、资本市场、金融衍生品市场

金融市场的核心体系是货币市场、资本市场、金融衍生品市场。

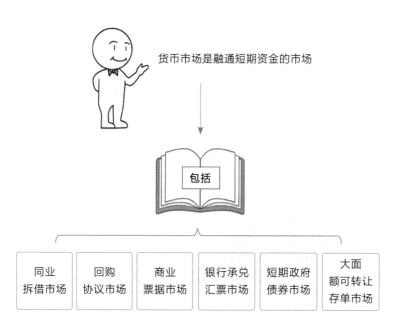

货币市场是融通短期资金的市场

包括

| 同业拆借市场 | 回购协议市场 | 商业票据市场 | 银行承兑汇票市场 | 短期政府债券市场 | 大面额可转让存单市场 |

资本市场是融通长期资金的市场，包括中长期信贷市场和证券市场

中长期信贷市场是金融机构与工商企业之间的贷款市场

证券市场是通过证券的发行与交易进行融资的市场

资本市场包括债券市场、股票市场、保险市场和融资租赁市场等

金融衍生品市场是为外汇、保险、黄金及其他投资品提供交易平台的市场

所谓的金融衍生品，是指以杠杆或信用交易为特征，以在传统的金融产品如货币、债券、股票等的基础上派生出来的具有新的价值的金融工具，如期货合同、期权合同、互换及远期协议合同等

金融市场五要素

一个完善的金融市场不仅包括金融市场的参与者、金融工具、金融媒介，还包括金融市场的组织形式和管理者。

| 金融市场的参与者 | 金融工具 | 金融媒介 | 金融市场的组织形式格 | 管理者 |

金融市场的参与者是指参与金融市场的交易活动而形成证券买卖双方的单位。如政府部门或者企业通过发行债券筹集资金，企业既是资金需求者，也可能是资金供应者

金融机构是金融市场最重要的参与者，主要有存款性金融机构、非存款性金融机构和中央银行等

金融工具亦称"信用工具"或"交易工具"。资金缺乏部门向资金盈余部门借入资金，或发行者向投资者筹措资金时，依一定格式做成的书面文件，上面确定债务人的义务和债权人的权利，是具有法律效力的契约。

每种金融工具因适应交易的不同需要而各有其特殊内容，但也有些内容是共同的，如票面金额、发行者（出票人）签章、期限、利息率（单利或复利）等。

任何金融工具都具有双重性质：对于工具的发行者（借款者），它是一种债务；对于投资者（贷款者），它是一种金融资产

对于投资者而言，金融工具是在金融市场上交易的对象，如各种债券、股票、票据、可转让存单、借款合同、抵押契约等。此类工具是金融市场上实现投资、融资活动必须依赖的标的

金融市场的组织形式是指进行金融交易所采用的方式，共分三种类型。

第一种是在固定场所进行的有组织的集中交易方式，如采用"双边拍卖"方式成交时，买方的最高出价＝卖方的最低要价

第二种为分散交易方式，通过金融机构的柜台采用例如"讨价还价"方式进行成交，也称为店头交易

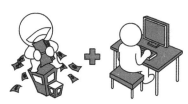

第三种场外交易方式是借助于先进的通信手段完成交易，如微信、支付宝

国内金融市场的管理者是中央银行及有关监管部门。

管理者

| 证券市场的管理 | 票据市场的管理 | 同业拆借市场的管理 |

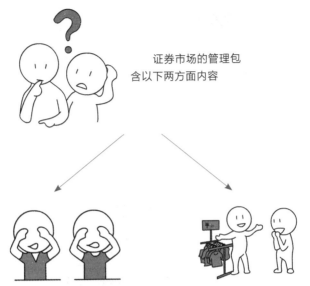

证券市场的管理包含以下两方面内容

禁止不良交易行为，如散布虚假信息、操纵市场、联合操纵市场、洗售（指证券出售者立即重新购回自己出售的证券的行为）、知内情者交易、证券公司的作弊行为

限制投机活动，提高信用交易中的保证金比率；限制交易数量；必要时限制或停止信用交易

票据市场的管理指对票据的签发、承兑、贴现和使用的管理

同业拆借市场的管理指对市场准入、拆借资金用途、期限等的管理

　　金融市场媒介是指在金融市场上充当交易媒介，从事交易或促使交易完成的组织、机构或个人。金融市场的媒体是金融市场的一类参与者，但它起的作用与一般的金融市场参与者有着重要的区别。

　　金融市场媒体参与金融市场活动时，作为中介促进金融市场中主体交易的完成，并从中收取交易佣金。

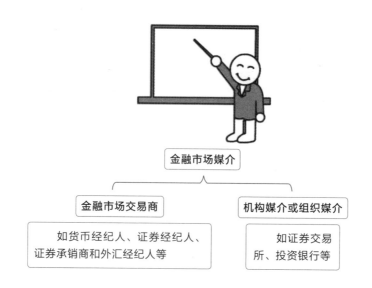

金融市场调节经济

金融市场具有资本积累、资源配置、经济调节和经济反映等重要功能。

就资金供求关系而言

金融市场扩大了资金供求双方接触的机会，便利了金融交易，降低了融资成本，提高了资金使用效益

金融市场为各种期限、内容不同的交易互相转换提供了必需的条件和渠道，同时为筹资人和投资人开辟了更广阔的融资途径

就资源配置而言

因为金融市场中的金融资产是有具体额度的，所以当金融资产受到影响之后可以从侧面反映市场经济的波动

市场经济的波动可以体现市场经济的完善程度和市场经济的效率，有助于市场资源配置功能的实现

就企业资产价值而言

企业资产的内在价值包括企业债务的价值和股东权益的价值，而这些企业内在价值只有在通过金融市场交易时买卖双方相互作用的过程中才能"发现"

就金融调控而言，金融间接调控体系必须依靠发达的金融市场传导中央银行的政策信号，通过金融市场的价格变化引导各微观经济主体的行为，实现货币政策调整意图

就投资者而言，金融工具是一组预期收益和风险相结合的投资工具

这也使得对风险和收益具有不同偏好的投资者能够寻求到最符合其需要的投资

金融市场的运行机制

金融市场上资金的运动具有一定规律性。由于资金余缺调剂的需要，资金总是从多余的地区和部门流向短缺的地区和部门。

金融市场的资金运动起因于社会资金的供求关系，资金从供给方流向需求方，最基本的金融工具和货币资金的形成是由银行取得(购入)企业借据而向企业发放贷款而形成的。

银行及其他金融机构作为中间人，既代表了贷者的集中，又代表了借者的集中，对存款者是债务人，对借款者是债权人，因而，它所进行的融资是间接融资

当银行创造出大量派生存款之后，就为其他金融信用工具的创造和流通建立了前提

当各种金融信用工具涌现时，多种投融资形式开始形成

金融工具的流通轨迹本就错综复杂，金融工具会脱离最初的交易场所反复地运动，这种运动大多是借助于直接融资工具，如股票、债券的多次流通而实现的

这种直接融资是资金供求双方的直接交易，无须借助于中间人，或者只需中介机构集中撮合即可

另外，借助于中介机构发行的金融工具形成金融流通市场，表现在支票、汇票、本票的流通及贷款证券化的流通

金融市场上，金融工具的卖出者
可以转化为买入者，金融工具的买入
者可以转化为卖出者

再加上新的交易伙伴的不断涌入，推
动着金融工具的流通转让。与此同时，资
金相应地做逆向的流动，使金融市场纷繁
复杂起来

　　可以说，金融市场是各类金融机构、金融活动所推动
的资金交易的总和。它是一个宏观的概念，只要是资金交易，
就离不开金融市场，它是无所不包的。

第 2 章

什么是资本市场？
资本市场中资金如何融通？

　　一个成熟的资本市场至少要包括：证券市场（负责股票、长期债券等金融产品的运作）、长期信贷市场（负责长期抵押贷款、长期项目融资等金融活动的运作）、衍生工具市场（负责金融期货的运作）。

图解金融学

金融常识一看就懂

资本市场，长期资金市场

资本市场是金融市场中的核心市场。

资本市场是指期限在一年
以上的以各种资金借贷、证券
交易运行实施的场所

资本市场在金融活动中一
般也被称为"长期金融市场"
或"长期资金市场"

就资本市场的参与者而言，资本市场由资金需求者和
资金提供者共同组成。

资本市场参与者

资金提供者包括商业银行、储蓄银行、人寿保险公司、投资公司和信托公司等	资金需求者一般是指国际金融机构、各国政府机构、工商企业、房地产经营商等

一个成熟的资本市场至少要包括：证券市场（负责股票、长期债券等金融产品的运作）、长期信贷市场（负责长期抵押贷款、长期项目融资等金融活动的运作）、衍生工具市场（负责金融期货的运作）。

资本市场的金融活动运作期限较长，所以承担的风险相比其他金融市场中的下行市场要多，但回报的收益也更加稳定，故类似于资本投入。

一般意义上，资本市场在金融市场运作过程中起到以下三个作用。

（1）资本市场是金融市场资金筹集方面的主渠道。

资本市场吸引手握大量闲钱的人群进行投资，如那些活跃在基金市场或股票市场购买基金或者股票的人们

这些主动投资的闲钱将为金融市场提供大量且持续运作的巨额资金，所以说资本市场是金融市场集资的主渠道

（2）资源合理配置的有效场所是资本市场。

资本市场可以将一个企业的产权转化为商品、货币或者证券，做到了市场交换不仅限于看得见、摸得着的物品

就企业而言，一些效益好的企业希冀发展却苦于没有资本投入，难以扩大企业规模，因此借助资本市场的手段，通过发行证券大范围地吸收社会资金，让企业更上一个台阶

企业通过发行股票扩大企业规模，也通过股份转移实现企业重组，调整了经营结构和管理人员

当前社会企业兼并的问题离不开资本市场的帮助。企业兼并起码涉及几个方向的投资，因此兼并过程中的投资主体实际上就是各个投资人的代表，而每一个投资人却又各怀心思。资本市场的存在就使得投资人之间得以相互约束——一荣俱荣，一损俱损，因此形成一个平衡且相互制衡的整体，并有助于提高企业的经营效果。

资本市场提供了丰富的金融工具，如股票、期货、基金等，金融工具价格的波动对普通人有着莫大的吸引力，普通人参与到资本市场中试图通过低买高卖获得巨大收益。

对于投资人而言，资本市场有以下几个特点：

融资期限长。资本市场的投资至少要在一年以上，更长的甚至达到几十年或者永无日期

流动性相对较差。在资本市场上筹集到的资金多用于解决中长期融资需求，故流动性和变现性相对较弱

风险大而收益较高。由于期限较长，所以资本市场发生重大变故的可能性也大，使得投资者承担的风险也大。但高风险往往都带来高收益，所以资本市场的收益也很高

证券市场

　　广义上的证券市场指的是资本市场中所有证券发行和交易的场所。狭义上的证券市场指的是股票、债券、期货、期权等证券产品的发行和交易场所。

证券市场以证券发行和交易的方式实现了融资与投资的对接，有效地化解了资本的供求矛盾，解决了资本结构调整的难题

在发达的市场经济中，证券市场是完整的市场体系的重要组成部分。它不仅反映和调节货币资金的运动，而且对整个经济的运行具有重要影响

　　证券市场是指证券发行及交易的场所，其实质是资金的供给方和资金的需求方通过竞争决定证券价格的场所。

证券市场是市场经济发展到一定阶段的产物，是为解决资本供求矛盾和流动而产生的市场。

证券市场有以下三个显著特征：

资本市场

| 价值直接交换的场所 | 财产权利直接交换的场所 | 风险直接交换的场所 |

（1）证券市场是价值直接交换的场所。有价证券是价值的直接代表，其本质是价值的一种直接表现形式。虽然证券交易的对象是各种各样的有价证券，但由于它们是价值的直接表现形式，所以证券市场本质上是价值直接交换的场所。

（2）证券市场是财产权利直接交换的场所。证券市场上的交易对象是作为经济权益凭证的股票、债券、基金券等有价证券，它们本身是一定量财产权利的代表，所以，代表着对一定数额财产的所有权或债权以及相关的收益权。证券市场实际上是财产权利直接交换的场所。

（3）证券市场是风险直接交换的场所。有价证券既是一定收益权利的代表，同时也是一定风险的代表。有价证券的交换在转让出一定收益权的同时，也把该有价证券所特有的风险转让出去。所以，从风险的角度分析，证券市场也是风险直接交换的场所。

证券市场的功能

功能是特征的衍生品。没有特征，功能也难以显现，所以就证券市场的显著特征衍生出了证券市场的融通资金功能、资本定价功能、资本配置功能、转换机制功能、宏观调控功能和分散风险功能。

融资功能是证券市场的核心功能，指证券市场为资金需求者筹集资金的功能。这一功能的另一作用是为资金的供给者提供投资对象。

一般来说，资金需求者有两种融资渠道

一是间接融资，即通过银行贷款而获得资金

二是直接融资，即发行各种有价证券使社会闲散资金汇集成为长期资本。证券市场为资金需求者提供了间接融资的场所

证券市场的第二个基本功能就是为资本决定价格。证券是资本的存在形式，所以，证券的价格实际上是证券所代表的资本的价格。

证券的价格是证券市场上证券供求双方共同作用的结果，所以证券市场的运行形成了证券需求者竞争和证券供给者竞争的关系

需求决定价格。市场需求的证券多，相应地证券价格就高；反之，证券的价格就低。因此，证券市场是资本的合理定价机制

证券市场的第三个功能是资本配置功能，指通过证券价格引导资本的流动而实现资本的合理配置。

证券投资者对证券的收益十分敏感，而证券收益率在很大程度上决定了企业的经济效益

经济效益好的企业的证券拥有较多的投资者，这种证券在市场上的买卖也很活跃。经济效益差的企业的证券投资者越来越少，市场上的交易也不旺盛

所以，社会上部分资金会自动地流向经济效益好的企业，远离效益差的企业。这样，证券市场就引导资本流向能产生高报酬的企业或行业，从而使资本产生尽可能高的效率，进而实现资源的合理配置

融资功能、为资本决定价格、资本配置功能，这三个功能是证券市场的三个最基本的功能，还有三个功能是在此基础上派生出来的，分别为：企业机制转换、国家宏观调控和金融风险分散。

企业机制转换指企业如果要通过证券市场筹集资金，则必须改制为股份有限公司。

股份有限公司的组织形式是社会化大生产和现代市场经济发展的产物。这种企业组织形式对企业所有权和经营权进行了分离，并且有一系列严格的法律、法规对其进行规范，使企业能够自觉地提高经营管理水平和资金使用效率

企业成为上市公司之后，会一直处于市场各方面的监督和影响之中，有利于形成"产权清晰，权利明确，政企分开，管理科学"的治理结构，有利于企业经营管理的规范化、科学化和制度化，有利于健全企业的风险控制机制和激励机制

国家宏观调控是指证券市场能够灵敏地反映社会政治、经济发展的动向，为经济分析和宏观调控提供依据。

证券市场的动向是指市场行情的变化，通常用证券价格指数来表示

如果在一段时间内，国家政治稳定，经济繁荣，整体发展态势良好，证券价格指数就会上升；反之，如果政治动荡，经济衰退或发展前景难以预测，证券价格指数就会下跌

政府可以通过证券市场行情的变化对经济运行状况和发展前景进行分析预测，并且利用证券市场对经济实施宏观调控。

如中央银行大量买进证券，流通中的现金量就会增加，商业性金融机构就可以扩大信用规模，而且证券价格会随之提高，利率水平会相应下降

反之，当中央银行大量卖出证券时，流通中的现金量减少，就会对经济产生紧缩效应，可以有效地抑制投资膨胀和经济过热

　　证券的分散金融风险功能是指对于上市公司来说，通过证券市场融资可以将经营风险部分地转移和分散给投资者。公司的股东越多，单个股东承担的风险就越小。

证券发行市场（一级市场）与交易市场（二级市场）

按照证券进入市场的顺序而形成的结构关系，证券市场可分为发行市场（一级市场）和交易市场（二级市场）。

证券交易市场是已发行的证券通过买卖交易实现流通转让的场所。

证券发行市场又称"一级市场"或"初级市场"，是发行人以筹集资金为目的，按照一定的法律规定和发行程序，向投资者出售证券所形成的市场

证券发行市场作为一个抽象的市场，其买卖成交活动并不局限于一个固定的场所。证券发行市场体现了证券由发行主体流向投资者的市场关系

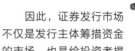

在证券发行市场上，不仅存在由发行主体向投资者的证券流，而且存在由投资者向发行主体的货币资本流

因此，证券发行市场不仅是发行主体筹措资金的市场，也是给投资者提供投资机会的市场

相对于证券发行市场而言，证券交易市场又称为"二级市场"或"次级市场"

当证券经过证券发行市场的承销后，就会进入证券交易市场。它体现了新老投资者之间投资退出和投资进入的市场关系

证券交易市场具有两个方面的职能

为证券持有者提供变现的场所。当证券持有者需要现金时，按市场价格将证券卖出

为新的投资者提供投资机会

证券发行市场与交易市场紧密联系且互相作用，是一个不可分割的整体

发行市场是交易市场的存在基础，发行市场的发行条件及发行方式影响着交易市场的价格及流动性

交易市场能促进发行市场的发展，为发行市场所发行的证券提供了变现的场所，同时交易市场的证券价格及流动性又直接影响发行市场新证券的发行规模和发行条件

股票市场、债券市场、基金市场以及衍生品市场

我们所熟知的股票、债券、基金等投资工具，就是通过证券发行市场（一级市场）发行，在证券交易市场（二级市场）上流通的，形成了股票市场、债券市场、基金市场以及衍生证券市场。

股票市场是股票发行和买卖交易的场所。

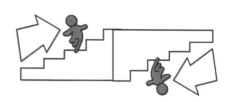

股票市场的发行人为股份有限公司。股份有限公司在股票市场上筹集的资金是长期稳定的、属于公司自有的资本，股票市场交易的对象是股票

股票的市场价格除了与股份有限公司的经营状况和盈利水平有关，还受到其他诸如政治、社会、经济等多方面因素的综合影响。因此，股票价格经常处于波动之中

债券市场是债券发行和买卖交易的场所。

债券市场交易的对象是债券。债券的发行人有中央政府、地方政府、政府机构、金融机构和企业

债券因有固定的票面利率和期限，其市场价格相对股票价格而言比较稳定

基金市场是基金证券发行和流通的市场。

封闭式基金在证券交易所挂牌交易。开放式基金是通过投资者向基金管理公司申购和赎回实现流通的

衍生证券市场是以基础证券的存在和发展为前提的。其交易品种主要有金融期货与期权、可转换证券、存托凭证和认股权证等。

衍生证券市场交易品种主要有金融期货与期权、可转换证券、存托凭证和认股权证等

了解证券市场的结构之后，则需要对证券市场参与者做出解释，毕竟空有市场而没有参与者则一切都是空谈。

证券市场的三大参与者

证券市场的参与者有三大类型，分别是证券的发行人、证券的投资人和中介机构。

（1）证券发行人是指为筹措资金而发行债券、股票等证券的政府及其机构、金融机构和企业等。

证券发行是指把证券向投资者销售的行为。证券发行可以由发行人直接办理，这种证券发行称为自办发行或直接发行

（2）证券投资者是证券市场的资金供给者，也是证券的购买者。证券投资者类型甚多，投资的目的也各不相同。

证券投资者可分为机构投资者和个人投资者两大类。

机构投资者是拥有资金、信息、人力等优势，能影响某个证券价格波动的投资者。它包括企业、商业银行和非银行金融机构（如养老基金、保险基金和证券投资基金）等

个人投资者是指从事证券投资的居民。他们是证券市场最广泛的投资者

各类机构投资者的资金来源、投资目的、投资方向虽各不相同，但一般都具有投资的资金量大、收集和分析信息的能力强的特点，注重投资的安全性

个人投资者的主要投资目的是追求盈利，谋求资本的保值和增值，所以十分重视本金的安全和资产的流动性

（3）证券市场中介机构是指为证券的发行与交易提供服务的各类机构。它包括证券公司和服务机构。

中介机构是连接证券投资者与筹资人的桥梁。证券市场功能的发挥在很大程度上取决于证券中介机构的活动

中介机构的经营服务活动增强了证券需求者与证券供应者之间的联系，保证了各种证券的发行和交易，起到了维持证券市场秩序的作用

证券中介机构包括证券公司和证券服务机构。

证券公司

| 证券公司是指依法设立的可经营证券业务的、具有法人资格的金融机构 | 证券公司的主要业务有承销、经纪、自营、投资咨询、购并、受托资产管理、基金管理等 | 证券公司一般分为综合类证券公司和经纪类证券公司 |

证券服务机构

证券服务机构是指依法设立的从事证券服务业务的法人机构

证券服务机构包括财务顾问机构、证券投资咨询公司、会计师事务所、资产评估机构、律师事务所和证券信用评级机构等

长期信贷市场

长期信贷市场是金融机构向借款人提供长期贷款的资金交易所形成的市场。长期贷款主要由商业银行、长期信用银行、人寿保险公司、信托银行等金融机构提供，其资金来源于储户和投保人的长期存款、保险金以及短期存款中的一部分，有的金融机构还有一些特定的资金来源。

长期信贷市场能有效调剂暂时性或长期的资金余缺，促进国民经济的发展。

在经济生活中，资金盈余单位有多余的资金，而它们又并不想在当前做进一步的开支，而赤字单位想做更多的开支，但又缺少资金，计划不能实现

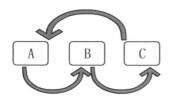

信贷活动将资金从盈余单位向赤字单位进行有偿的转移，以银行为代表的金融体系的介入形成了信贷市场机制

信贷市场促进了资本的再分配和利润的平均化。国民经济的迅速发展靠的是各部门的协调发展，而各部门的协调发展主要是通过资本自发转移来实现的。

资本总是从利润低的行业向利润高的行业流动，以保证企业获得最大的利润，然而资本并不能够完全自由流动

信贷市场的出现使资本可以自由流通，从而使得一国国民经济能够较为迅速地发展

长期信贷市场上的市场主体可以划分为长期信贷资金的供给者和长期信贷资金的需求者两大类。

长期信贷资金的供给者包括商业银行、非银行金融机构和企业。长期信贷资金的需求者则主要由企业、个人和金融机构组成。

长期信贷资金市场的资金供给者主要是商业银行，资金融通业务是商业银行的最主要业务。商业银行是信贷市场上最活跃的成分，所占的交易量最大，采用的信贷工具最多，对资金供求与利率的波动影响也最大。

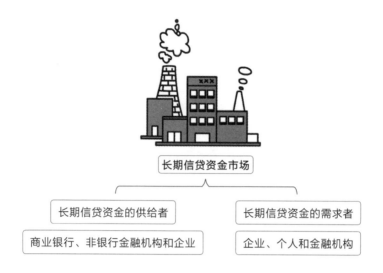

目前在我国信贷市场上，国有商业银行占据了这个市场绝大部分的市场份额。不过随着中国金融体制的改革，股份制商业银行和地方城市商业银行的市场份额表现出逐步扩大的趋势。

非银行金融机构，如银行以外的城市信用社、金融公司、财务公司、保险公司和信托公司等，也是信贷市场的重要资金供给者。在混业经营的金融市场上，这些非银行金融机构也在信贷市场上积极地拓展信贷业务，实现业务和收入的多元化。在我国目前的分业经营的格局下，非银行金融机构还不能直接进入信贷市场，但是也存在非银行金融机构通过其他渠道间接进入信贷市场的情况。

企业由于销售收入的集中性会形成企业资金的暂时闲置，它们通过与合适的贷款对象以私下约定的形式向信贷市场注入资金。在我国私募融资市场上，具有闲置资金的企业在解决中小企业非主流渠道融资方面发挥着日益重要的作用。

企业在生产经营活动中会经常出现临时性和季节性的资金需求，同时企业由于自身的发展也经常产生各种长期的资金需求，于是就在信贷市场上通过借款的形式来筹集所需的资金。信贷市场是企业融资的最主要渠道，但是广大中小企业在这个市场上的融资难度还是比较大的。

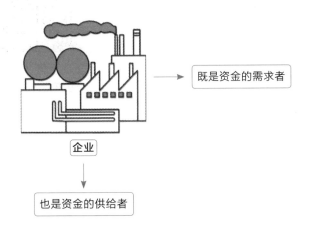

个人由于大额消费和不动产投资也经常产生短期与长期的信贷需求，经常到信贷市场中通过借款的形式筹集所需的资金。我国信贷市场上个人业务最主要的一块是住房信贷业务。随着中国国民收入的提高，汽车信贷和信用卡信贷业务也正在成为金融机构的主要业务。

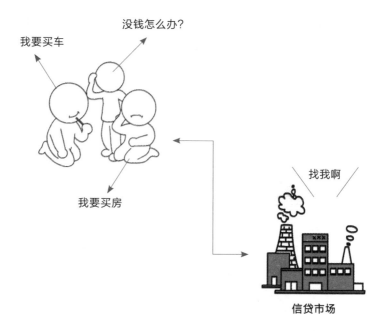

衍生工具市场

在全球金融市场中,衍生品作为重要的组成部分,越来越受到投资者的关注。

金融衍生工具市场是指以各种金融合约为交易对象的交易场所。它可分为期货市场、期权市场和其他衍生工具市场。

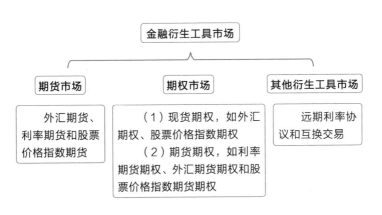

期货市场

20 世纪 70 年代，由于布雷顿森林体系国际货币制度的崩溃，以及金融自由化和金融创新浪潮的冲击，国际资本市场上利率、汇率和股票价格指数波动幅度加大，市场风险急剧增加。为了规避这些风险，金融期货市场应运而生，为保证资本市场的良性运转发挥了不可替代的作用。

金融危机爆发　　　　　　　　　　资本市场崩溃

我破产了　　　　　　　　　　不要怕，有期货市场

期货是一种跨越时间的交易方式。买卖双方通过签订标准化合约（期货合约），同意按指定的时间、价格与其他交易条件，交收指定数量的现货。通常期货集中在期货交易所进行买卖，但亦有部分期货合约可通过柜台交易。

期货是一种衍生性金融商品。按现货标的物的种类，期货可分为商品期货与金融期货两大类。

商品期货是标的物为实物商品的一种期货合约，是关于买卖双方在未来某个约定的日期以签约时约定的价格买卖某一数量的实物商品的标准化协议。金融期货是交易所按照一定规则反复交易的标准化金融商品合约。

期货交易者中，套保者（或称对冲者）通过买卖期货锁定利润与成本，降低时间带来的价格波动风险，投机者（套利者）则通过期货交易承担更多风险，伺机在价格波动中牟取利润。

一般来讲，成功运作的期货市场具有价格发现和风险转移与规避两大功能。

所谓价格发现，是指在交易所内对多种金融期货商品合约进行交易的结果能够产生这种金融商品的期货价格体系。期货市场的发现价格具有两个特点——公正性、预期性。

金融期货市场发现价格

公正

金融期货交易是集中在交易所进行的，而交易所作为一种有组织、规范化的统一市场，集中了大量的买者和卖者，通过公开、公平、公正的竞争形成价格

预期

金融期货市场价格发现对未来市场供求关系变动有预测作用，可以把国内市场价格与国际市场价格有机地结合在一起，大大改进了价格信息质量，使远期供求关系得到显示和调整，是企业经营决策和国家宏观调控的重要依据

经济生活无时无刻不存在风险，而金融期货市场具有一种风险转移机制，可以提供套期保值业务，最大限度地减少价格波动带来的风险。套期保值就是买进或卖出与现货头寸数量相当、方向相反的期货合约，以期在将来某一时间通过卖出或买进期货合约而补偿因现货市场价格变动所带来的价格风险。

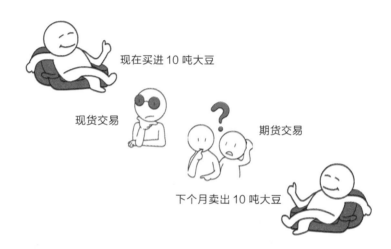

现在买进 10 吨大豆

现货交易

期货交易

下个月卖出 10 吨大豆

金融期货市场之所以具有风险规避的功能，主要是因为期货市场上有大量的投机者参与。他们根据市场供求变化的种种信息对价格走势做出预测，靠低买高卖赚取利润。正是这些投机者承担了市场风险，制造了市场流动性，使期货市场风险规避的功能得以顺利实现。

期权市场

期权，作为全球最活跃的衍生品之一，广泛应用于风险管理、资产配置和产品创新等领域，其市场价值已在全世界范围内得到广泛认同。目前，期权与期货一起，被视为全球衍生品市场的两大基石。

期权市场是指按规定好的价格、规定好的交易时间和交易量买卖商品、外汇或证券的选择权的市场。

期权交易是一种权利的买卖

买主买进的并不是实物，只是买一种权利。这种权利使他可以在一定时期内的任何时候以事先确定好的价格（一般称为协定价格），向期权的卖方购买或出售一定数量的某种证券，不管此时证券价格的高低

这个"一定时期""协定价格"和买卖证券的数量及种类都是在期权合同中事先规定的

在期权合同的有效期内，买主可以行使或转卖这种权利。超过规定期限，合同失效，买主的期权也随之作废

期权市场有以下三个特点：

（1）交易对象是一种权利。一种关于买进或者卖出证券的权利，而且这种权利具有很强的时间约束。

（2）是否执行权利较为灵活。投资者买进期权后，享有选择权，有权在规定的期限内，根据市场行情决定是否执行契约。对执行期权、放弃交易或把期权转让给第三者，投资者无须承担任何义务。

（3）投资风险较小。对于投资者来说，利用期权投资进行证券买卖的最大风险不过是购买期权的价格（保险费），而期货投资等的风险将难以控制，因此期权投资实质上是防范风险的投资交易。

期权分为看涨期权（也称买进期权）
和看跌期权（也称卖出期权）两种

买了看涨期权，买主可以在期权有效期内的任何时候按协定价格向期权的卖主购买事先规定数量的某种证券

买了看跌期权，买主可以在期权有效期内的任何时候按协定价格向卖主出售事先规定数量的某种证券

从全球衍生品尤其是期权的发展来看，以北美为代表的发达市场在期权领域已经非常成熟。从我国的衍生品发展和现状来看，尽管期货类产品发展相对较早，但是从期权产品的角度来看，依然处于萌芽状态。

以我国大陆场内期权为例，目前我国大陆场内交易的期权品种仅有三个，分别为 2015 年 2 月 9 日正式上线的 50 ETF 期权，2017 年 3 月 31 日上市的豆粕期权，以及 2017 年 4 月 19 日上线的白糖期权。

其中，50 ETF 期权是以 ETF 为标的，豆粕和白糖期权则分别以相应期货合约为标的的期货期权。从这三个品种的成交量变化来看，50 ETF 期权由于受到 2017 年行情的推动，其成交量自 2017 年以来出现大幅上升，其中 2018 年 3 月成交量较上年同期上涨近 74%，显示出了权益指数期权产品的巨大发展潜力。

而白糖期权和豆粕期权受到中美贸易摩擦升级的影响，其成交量在 2018 年 3 月出现了上市近一年以来的爆发式增长，同样显示了商品期货期权巨大的发展空间。

第 3 章

什么是货币市场?
资金如何在货币市场中流动?

　　货币市场产生和发展的初始动力是为了保持资金的流动性。它借助于各种短期资金融通工具将资金需求者和资金供应者联系起来,既满足了资金需求者的短期资金需要,又为资金有余者的暂时闲置资金提供了获取盈利的机会。

图解金融学

金融常识一看就懂

货币市场，短期资金市场

　　货币市场是指时间在一年以内的金融资产交易的市场。它是为国债、商业票据、银行承兑汇票、可转让定期存单、回购协议等短期信用工具提供交易买卖的平台。因此，货币市场具有期限短、流动性强和风险小的特点。

　　货币市场可以保障金融资产的流动性，以方便随时转换成可以流通的货币

货币市场满足了借款者的短期资金需求，同时为暂时闲置的资金找到了出路

　　一个有效率的货币市场应该是一个具有广度、深度和弹性的市场，要求市场容量大，信息流动迅速，交易成本低，交易活跃且持续，如此才能吸引众多的投资者和投机者参与。

货币市场产生和发展的初始动力是为了保持资金的流动性，它借助于各种短期资金融通工具将资金需求者和资金供应者联系起来，既满足了资金需求者的短期资金需要，又为资金有余者的暂时闲置资金提供了获取盈利的机会。

货币市场既可以起到短期资金融通的作用，又具有传导货币政策的功能。

（1）短期资金融通功能。相对长期投资性资金需求来说，短期性、临时性的资金需求是微观经济行为主体最基本的，也是最经常的资金需求。

任何一个金融市场或者市场经济体在发展到一定程度之后，必然会经常出现短期临时性、季节性的资金不足。这是由于日常经济行为的频繁性所造成的，若这种资金缺口得不到弥补，那么连简单的社会再生产也不能维系，最多只能使商品经济处于初级水平。所以，短期资金融通功能才成为货币市场的一个基本功能。

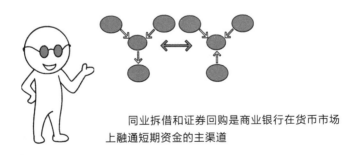

同业拆借和证券回购是商业银行在货币市场
上融通短期资金的主渠道

同业拆借市场和证券回购市场可以有度地调节商业银行准备金的盈余和亏缺，使银行无须为提取或兑现而保有大量的超额准备金，从而将各种可以用于高收益的资产得以充分运用，可谓"一举两得"

（2）货币市场具有传导货币政策的功能。

国家的中央银行实施货币政策是通过再贴现政策、法定存款准备金政策、公开市场业务等的运用影响市场利率和调节货币供应量

借此实现宏观经济调控的目标，在这个过程中货币市场发挥了基础性作用

（3）货币市场促进资本市场的发展。货币市场和资本市场作为金融市场的核心组成部分，货币市场促进资本市场尤其是证券市场的发展，前者是后者规范运作和发展的物质基础。

发达的货币市场为资本市场提供了稳定充裕的资金来源

资本市场的参与者可以从货币市场得到短期资金，而从资本市场退出的资金也能在货币市场找到出路

从资金供给角度看，资金盈余方提供的资金层次是由短期到长期，由临时性到投资性的，因此货币市场在资金供给者和资本市场之间搭建了一个"资金池"

货币市场和资本市场就如一对"孪生兄弟"，不可偏废于任何一方

　　货币市场的良性发展减少了由于资金供求变化对社会造成的冲击。从长期市场退下来的资金有了出路，短期游资对市场的冲击力大减，投机活动受到了最大可能的抑制。因此，只有货币市场发展健全了，金融市场上的资金才能得到合理的配置。

从世界上大多数发达国家金融市场的发展历程中可以总结出"先货币市场，后资本市场"是金融市场发展的基本规律。

货币市场是金融市场和经济良性发展的前提，金融市场和市场经济的完善又为货币市场的正常发展提供了条件，三者是相辅相成的统一体。在这一关系中，货币市场起着基础性作用。

发达的市场经济本身既需要货币市场，同时又为货币市场的发展提供良好的外部环境。重资本市场，轻货币市场，其结果是削弱了货币市场的基础作用，使得市场经济行为主体失去了短期融资市场的依托，同时破坏了货币市场和资本市场的协调发展，造成大量本应属于货币市场的资金流向资本市场，一方面是货币市场因资金缺乏日渐萎缩，另一方面是不断膨胀的资本市场积聚了太多的短期游资，资本市场的泡沫成分日渐明显。

同时，由于上述结果的延伸，使中央银行借以调节宏观经济的联系纽带被割断，在很大程度上削弱了中央银行货币政策的效应。

货币市场的构成

根据不同的借贷或交易方式和业务，货币市场可分为以下几个市场：

银行短期信贷市场指银行对银行的信贷和银行对工商企业提供短期信贷资金的市场。其中，银行与银行之间的信贷又称为银行同业拆放，在整个短期信贷中占主导地位，银行短期信贷市场的功能在于解决临时性的短期流动资金的不足。

短期证券市场是指信用良好的工商企业为筹集短期资

金而开出的票据。它可通过银行发行，票面金额不限，期限一般为 4~6 个月，交易按票面金额贴现的方式进行。银行承兑票据是指经银行承兑过的商业票据。票据一经银行承兑，其信用就得以提高，从而易于流通。由于银行信用较高，故其流动性比商业承兑票据更强。

贴现市场指对未到期票据通过贴现方式进行资金融通而形成的交易市场。贴现市场的主要经营者是贴现公司。贴现交易的信用票据主要有国债、短期债券、银行承兑票据和部分商业票据等。贴现利率一般高于银行贷款利率。

货币市场的参与主体

货币市场中的参与者指在货币市场中参与交易的各种主体，总结而言有以下几个。

（1）资金需求者。货币市场上的资金需求者主要是由于短期资金不足，或是日常经营需要更多的短期资金并希望通过货币市场交易获得短期资金的主体。这类参与者主要有商业银行、非银行金融机构、政府和政府机构以及企业。

（2）资金供给者。货币市场上的资金供给者主要是拥有多余闲置资金，并希望通过货币市场交易，将这部分资金借出以获得一定收益的主体。这类主体主要有商业银行、非银行金融机构和企业。

（3）交易中介。货币市场的交易中介是为货币市场交易中的资金融通双方提供服务从而获得手续费或价差收益的主体。这类参与者主要有商业银行以及一些非银行金融机构。

（4）中央银行。中央银行参与货币市场交易的目的是实施货币政策，控制货币供应量，引导市场利率，实现宏观金融调控的目标。

（5）政府和政府机构。政府和政府机构主要是作为短期政府债券的供给者和短期资金的需求者而参与货币市场交易的。

（6）个人。个人参与货币市场，一般都是作为资金供给者，但由于货币市场单笔交易数额较大以及监管的需要，个人一般不能直接参与货币市场的交易，主要通过投资货币市场基金间接参与货币市场的交易，但也有个人持有短期政府债券和大面额可转让存单的情况。

同业拆借市场

同业拆借市场是指点各类金融机构之间进行短期资金拆借活动所形成的市场。同业拆借市场是货币市场的主要组成部分。

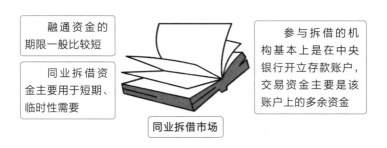

融通资金的期限一般比较短

同业拆借资金主要用于短期、临时性需要

同业拆借市场

参与拆借的机构基本上是在中央银行开立存款账户，交易资金主要是该账户上的多余资金

同业拆借市场最初是指银行等金融机构之间相互调剂在中央银行存款账户上的准备金余额。其作用在于满足金融机构之间在日常经营活动中经常发生的头寸余缺调剂的需要。

由于商业银行资金的流出与流入每时每刻都在进行，影响流出与流入差额的不确定因素千差万别，这使得商业银行不可能时刻保持在中央银行准备金存款账户上的余额恰好等于法定准备金余额

保持超额准备金又意味着银行有资金闲置，导致利息收入的损失

为解决这一困难，头寸多余行和头寸不足行就要进行准备金交易

商业银行持有较高比例的现金、同业存款、在中央银行的超额储备金及短期高质量证券资产，虽然可以提高流动性水平，最大限度地满足客户提款及支付的要求，但同时也会丧失资金增值的机会，导致利润总额的减少。

要在保持足够的流动性以满足支付需求的同时获得最大限度的利润，除了加强资产负债管理，实现最优的资产期限和种类组合外，还需要有包括同业拆借市场在内的可供进行短期资金融通的市场。

一旦出现事先未预料到的临时流动性需求，金融机构就可在不必出售那些高盈利性资产的情况下，很容易地通过同业拆借市场从其他金融机构借入短期资金来获得流动性。这样，既避免了因流动性不足而可能导致的危机，也不会减少预期的资产收益。

随着市场的发展和市场容量的扩大，证券交易商和政府也加入到同业拆借市场当中来，交易对象也不再局限于商业银行的存款准备金，它还包括商业银行相互之间的存款以及证券交易商和政府所拥有的活期存款。拆借目的除了商业银行满足中央银行提出的准备金要求之外，还包括市场参与人轧平票据交换差额，解决临时性、季节性资金需求等目的。

同业拆借市场的参与者主要是各金融机构，它们的市场特性最活跃，交易量最大。这些特性决定了拆息率非同凡响的意义。

同业拆借按日计息，拆息率每天甚至每时每刻都不相同，它的高低灵敏地反映着货币市场资金的供求状况。同业拆借市场的拆息率被当作基准利率进行对比，对整个经济活动和宏观调控具有特殊的意义

在整个利率体系中，基准利率是在多种利率并存的条件下起决定作用的利率。当它变动时，其他利率也相应发生变化。了解这种关键性利率水平的变动趋势，也就了解了全部利率体系的变化趋势

票据市场，直接联系产业资本和金融资本

票据市场指的是在商品交易和资金往来过程中产生的以汇票、本票和支票的发行、担保、承兑、贴现、转贴现、再贴现来实现短期资金融通的市场。

作为货币市场的一个子市场，票据市场是最基础、交易主体最广泛的市场。

这个市场按票据发行主体来划分，有银行票据市场、商业票据市场；按交易方式来划分，有票据发行市场、票据承兑市场和票据贴现市场。

票据发行市场

票据承兑市场

票据贴现市场

银行票据市场

商业票据市场

在这个市场中，资金融通的特点是：期限短、数额小、交易灵活、参与者众多、风险易于控制，可以说是一个古老的、大众化的和基础性的市场。

票据市场是短期资金融通的主要场所，
是直接联系产业资本和金融资本的枢纽

票据市场可以把"无形"的信用变为"有形"，把不能流动的挂账信用变为具有高度流动性的票据信用

票据市场的存在与发展不仅为票据的普及推广提供了充分的流动性，还集中了交易信息，极大地降低了交易费用，使得票据更易为人们所接受

大额可转让定期存单市场

大额可转让定期存单于 20 世纪 60 年代初开始流行。60 年代以来商业银行为吸收资金发行了一种新的金融工具，即可转让大额定期存单，简称 CD 或 NCDs。

大额可转让定期存单亦称大额可转让存款证，是银行印发的一种定期存款凭证，凭证上印有一定的票面金额、存入和到期日以及利率

到期后可按票面金额和规定利率提取全部本利，逾期存款不计息

大额可转让定期存单可流通转让，自由买卖

市场收益率高于国债收益率

大额可转让定期存单的持有人到期可向银行提取本息；未到期时，如需现金，可以转让。这对企业或个人有闲置资金想贷出，而又恐有临时需要者具有很大的吸

引力。故大额可转让定期存单成为货币市场的重要交易对象之一。

大额可转让定期存单的市场就是大额定期存单交易流通的市场，简称 CD 市场，其主要参与者是货币市场基金、商业银行、政府和其他非金融机构投资者。

大额可转让定期存单市场可分为发行市场（一级市场）和流通转让市场（二级市场）。

发行市场（一级市场）　　流通转让市场（二级市场）

发行市场的主要参与人是发行人、投资者和中介机构。发行人一般是商业银行。发行市场上的中介机构一般都是由投资银行承担的，它们负责承销大额可转让定期存单，向发行人收取一定的费用作为承销收益。

大额可转让定期存单市场的发行方式包括直接发行和间接发行。

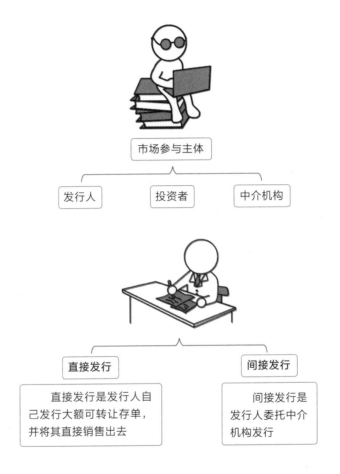

对企业来讲，由于大额可转让定期存单是通过银行账号发行的，所以信誉良好，危险性小，利率高于活期存款，并且可随时转让融资等，不失为盈利性、安全性、流动性三者的最佳配合信用工具。

对银行来讲，大额可转让定期存单的发行手续简便，要求的书面文件资料简单，费用也低，而且吸收的资金数额大，期限稳定，是一种很有效的筹资手段。尤其在转让过程中，由于大额可转让定期存单的调期成本费用比债券调期的低，为金融市场筹措资金及民间企业有效运用闲置资金、弥补资金短缺创造了有利条件，并且由于大额可转让定期存单可自由买卖，它的利率实际上反映了资金供求状况。

市场的不完善

大额可转让定期存单以其期限档次多、利率高、可转让的优点，吸引了众多储户。这对充实银行资金来源来讲具有一定的意义。但是，当前开展的大额可转让定期存单还存在以下几个问题。

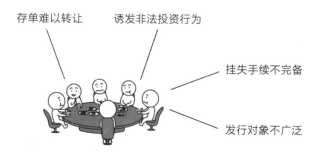

（1）存单难以转让。我国的次级证券市场还没有完全形成，一些经济发达地区已开办的证券交易业务也因种种原因而日趋萎缩，经济落后地区以及县、乡两级根本谈不上开办证券交易业务的可能。另外，人们对次级证券市场

的投资意识不强，在证券交易所买进有价证券者廖廖无几。所以大额可转让定期存单在一定范围及程度上的弱流通性和转让性，造成可"转让"存单难以转让的状况。

（2）诱发非法投资行为。由于存单难以转让，又不得提前支取，一些人便利用持单人遇有特殊情况急需兑现的心理，乘机低价买进，有的甚至进行倒买倒卖活动。

（3）挂失手续不完备。按存单章程规定，记名大额可转让定期存单可办理挂失，十天后补发新存单。而记名存单转让时由买卖双方和证券交易机构背书即可生效，与原发行银行是不发生任何关系的。这就隔开了存单转让与挂失两者之间的关系，容易给存单到期兑现带来麻烦，甚至造成银行资金的损失。如持单人在存单到期十天前将存单转让，并立即到原存款银行通过挂失来骗取现金，银行是难以查证的。

（4）发行对象不广泛。有的银行存在重个人储蓄轻对公存款的思想，存单也仅对个人发行，忽视了存单对吸收企业间歇、闲置资金的作用。

国债市场

国债俗称国库券，是指中央政府为筹集财政资金而发行的一种政府债券，由中央政府向投资者出具的、承诺在一定时期支付利息和到期偿还本金的债权债务凭证。由于国债的发行主体是国家，所以它具有最高的信用度，被公认为是最安全的投资工具。

国债市场按照国债交易的层次或阶段可分为两个部分：一是国债发行市场，二是国债流通市场。

国债发行市场指国债发行场所，又称国债一级市场或初级市场，是国债交易的初始环节。一般是政府与证券承销机构如银行之间的交易，通常由证券承销机构一次全部买下发行的国债。

国债流通市场又称国债二级市场，是国债交易的第二阶段。一般是国债承销机构如银行与认购者之间的交易，也包括国债持有者与国债认购者之间的交易。

国债二级市场又分证券交易所交易和场外交易两类。证券交易所交易是指在指定的交易所营业厅从事的交易，不在交易所营业厅从事的交易即为场外交易。

国债市场按照国债交易的层次或阶段可分为两个
部分：一是国债发行市场，二是国债流通市场

国债发行市
场指国债发行场
所，又称国债一
级市场或初级市
场，是国债交易
的初始环节

国债流通市
场又称国债二级
市场，是国债交
易的第二阶段

一般是政府与证券
承销机构如银行之间的交
易，通常由证券承销机构
一次全部买下发行的国债

一般是国债承销机构
如银行与认购者之间的交
易，也包括国债持有者与
国债认购者之间的交易

国债回购市场

随着国债发行规模的扩大而逐步衍生出了国债回购市
场、国债期货市场。

广义的回购市场既包括正回购交易也包括逆回购交易。

正回购交易，即交易者在卖出某种国债券的同时，确定于未来某一日再以事先约定的价格将同种债券购回的交易

逆回购交易，即投资者在买进某种国债券的同时，约定于未来某一时日以预定价格再将该种债券卖给最初出售者

国债回购市场可以提高国债市场的流动性，帮助广大金融机构与非金融机构调剂债券与资金头寸的余缺，为投资者实现套期保值或套利投机提供便利。

国债期货市场

国债现货市场发展到一定阶段后衍生了国债期货市场。所谓国债期货交易，是指双方签订国债交易合同后不是立即付款和交付债券，只是到了约定的交割时间买方才进行付款，卖方交付国债。

国债期货是国债现货市场发展到一定阶段的产物，它具有独特的功能。

一是显示和引导国债价格或国债行市。国债期货市场上买卖双方经过公开竞价，使国债价格不断随供需状况而变化，并在市场上传递。由于期货市场是众多买者与卖者的意愿集成，是最有代表性的价格，所以对当前与未来的价格走势都有指导作用。

二是套期保值。国债投资者可以在期货市场和现货市场上同时就某一品种国债做数量相同、买卖相反的操作，以求期货市场与现货市场的盈亏相补或相抵，从而实现保值。

三是投机获利。国债期货投资者可以在期货市场上的不同债种之间投机获利，也可以在现货市场和期货市场之间投机获利，为投资者提供更多的对冲机会。

国债期货市场上买卖双方经过公开竞价，使国债价格不断随供需状况而变化，并在市场上传递。由于期货市场是众多买者与卖者的意愿集成，是最有代表性的价格，对当前与未来的价格走势都有指导作用。

国债投资者可以在期货市场和现货市场上同时就某一品种国债做数量相同、买卖相反的操作，以求期货市场与现货市场的盈亏相补或相抵，从而实现保值

国债期货投资者可以在期货市场上的不同债种之间投机获利，也可以在现货市场和期货市场之间投机获利，为投资者提供更多的对冲机会

回购协议市场

回购协议是指卖出一种证券，并约定于未来某一时间以约定的价格再购回该证券的交易协议。根据该协议所进行的交易称回购交易。

从本质上说，回购协议是一种质押贷款协议，其标的物是有价证券。

回购协议市场又称为证券购回协议市场，是指通过回购协议进行短期资金融通交易的场所。市场活动由回购与逆回购组成。

回购协议收益受本金、期限和回购利率的综合影响

回购利率随行就市，但因为其有证券作为质押，所以利率水平一般低于同业拆借利率，其收益主要为买卖双方协定的利息

在回购市场中，利率的确定取决于多种因素：①用于回购的证券的质地；②回购期限的长短；③货币市场其他子市场的利率水平，一般参照同业拆借市场利率而确定

回购协议市场最早产生于美国，1918 年美国联邦储备银行开始进行银行承兑汇票的回购交易。回购的实质是一种质押短期借贷，最初目的是融资，后发展为货币政策手段。回购协议市场的参与者主要是政府、企业、中央银行、金融机构以及中介服务机构。

回购交易也可能发生在金融机构和金融机构之间、金融机构和非金融机构之间以及非金融机构之间。这时的回购交易是各经济单位之间融通短期资金的手段之一，回购交易的标的物通常是国债。

回购协议市场的特点如下：

（1）流动性强。回购协议主要以短期为主，最长的回购期限一般不超过一年。

（2）安全性高。回购协议的交易场所是经国家批准的规范性场内交易场所，只有合法的机构才可以在场内进行交易，交易的双方以出让或取得证券质押权为担保进行资金拆借，交易所作为证券质押权的监管人承担相应的责任。回购交易的对象是经货币当局批准的最高资信等级的有价证券。

（3）收益稳定且超过银行存款收益。回购利率是市场公开竞价的结果，在一定程度上代表了一定时期的市场利率水平，市场参与者如果将沉淀资金用于证券回购交易，则平均可获得高于银行同期存款利率的收益。

（4）对于商业银行来说，利用回购协议融入的资金不属于存款负债，不用交纳存款准备金。由于大型商业银行是回购市场的主要资金需求者，回购交易具有非常明显的优势，这些银行往往利用回购市场作为筹集资金的重要场所。

回购交易是中央银行调节全社会流动性的手段之一

当中央银行购入商业银行或证券经纪商持有的证券时，全社会的流动性便增加了；反之，当商业银行或证券经纪商再购回该证券时，全社会的流动性将恢复到其原先的水平

回购协议市场有助于降低交易者的市场风险，推动银行同业拆借行为规范化，扩大国债交易规模。

第 4 章

什么是利率?
利率如何影响经济?

　　利率的变动是直接作用于市场经济和
金融的,所以利率才能成为政府调节经济
的重要工具。利率对市场经济和金融的影
响共有五个层次。

图解金融学

金融常识一看就懂

什么是利率?

从金融学的角度而言,利率体系比较庞杂。从不同的层面讲,利率可以分为:货币政策利率、银行间市场利率、交易所利率、存贷款利率和标准化债权利率。

可以从以下六个纬度了解利率。

各个国家的利率有着不同的内涵。在中国,通常说的利率指的都是银行利率,进一步更是指向中国人民银行规定的存贷款基准利率。在美国,则主要指的是债券市场利率,所谓美联储调整的基准利率,也并不是具有强制性的行政性的基准利率,而是通过公开市场操作后确定的银行间隔夜拆借利率。

利率水平对外汇汇率有着非常重要的影响,利率是影响汇率最重要的因素。汇率是两个国家的货币之间的相对价格,和其他商品的定价机制一样,它由外汇市场上的供求关系所决定。

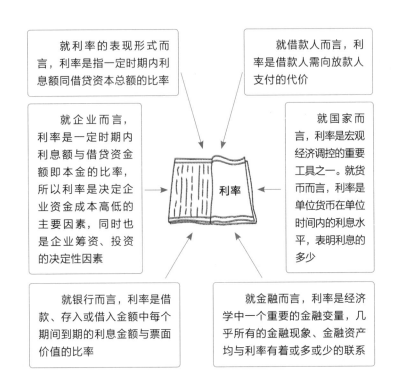

汇率变动对利率的影响间接地起作用，即通过影响国内物价水平、影响短期资本流动而间接地对利率产生影响。

人们在选择是持有本国货币，还是持有某一种外国货币时，首先也是考虑持有哪一种货币能够给其带来较大的收益

如果一国的利率水平高于其他国家，就会吸引大量的资本流入。本国资金流出减少，导致国际市场上抢购这种货币，本国货币汇价得到提高

反之，如果一国松动信贷时，则利率下降。利率水平低于其他国家，会造成资本大量流出，外国资本流入减少，同时外汇交易市场上就会抛售这种货币，引起汇率下跌

影响利率变动的因素

虽然影响利率变动的因素很多，但大致上还可以从经济因素、政策因素上分析。

影响利率变动的经济因素包含经济周期、通货膨胀、税收三个层面。首先咱们谈谈经济因素。

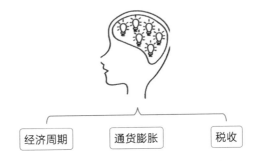

经济周期一般是指经济活动沿着经济发展的总体趋势所经历的有规律的扩张和收缩。当经济周期的危机阶段来临时，大量企业产出的商品因为销售困难造成盈利困难，致使企业不能按期偿还债务，故而引起了货币信用危机。

资本家不愿意通过赊销的方式出售商品，要求买方以一次性付现的方式支付货款

此情此景造成了市场上对现金的需求急剧增加，但原先的信贷资本却并不能满足买卖双方的需求，因此信贷利率疯狂攀升

此时整个市场经济都将进入大萧条阶段，物价更是被迫落入最低点，整个社会的生产力因缺少积极性而陷入停滞

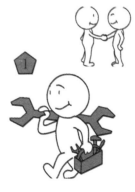

当经济周期进入恢复阶段时，资本家对赊销的方式不再反对，现金不再紧缺，信贷利率就会下调，因此市场经济又会再次运行，社会生产积极性又会再次拔高

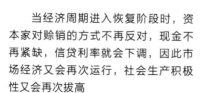

讲完了经济周期之后再讲讲通货膨胀。

政府确定利率时不是想当然的，要考虑物价的上涨、信贷对借贷资本本金的影响以及利率对利息的影响

所以在通货膨胀时，利率水平必然是高于往昔的，不然通货膨胀会对经济的损失难以控制

至于税收对利率的影响则十分简单，即利息是要征税的，所以税收也影响利率的高低。

利息还要收税？！

要不然呢？

在政策因素方面，一国的货币政策、财政政策、汇率政策对利率变动的影响是最为直接明显的。中央银行根据经济形势及国家预定的经济目标，通过运用存款准备金率、再贴现率、公开市场业务的活动三大货币政策工具来影响市场利率，达到扩张或紧缩金融市场流通资金的目的。

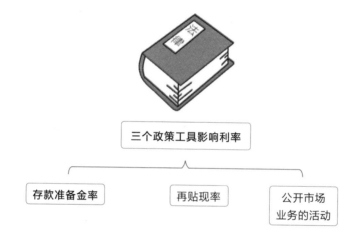

三个政策工具影响利率

存款准备金率	再贴现率	公开市场业务的活动
存款准备金是指金融机构为保证客户提取存款和资金清算需要而准备的，是缴存在中央银行的存款。中央银行要求的存款准备金占其存款总额的比例就是存款准备金率	再贴现率亦称"重贴现率"。商业银行或专业银行用已同客户办理过贴现的未到期合格商业票据向中央银行再行贴现时所支付的利率	公开市场业务的活动是指中央银行通过买进或卖出有价证券，吞吐基础货币，调节货币供应量的活动

利率对经济和金融的影响

利率的变动是直接作用于市场经济和金融的，所以利率才能成为政府调节经济的重要工具。利率对市场经济和金融的影响共有五个层次。

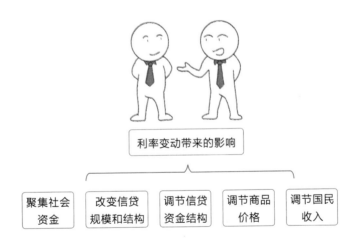

（1）利率变动有利于聚集社会资金。银行调整利率对借贷资本的聚集规模有着很大的影响。

在社会可聚集的闲置资金达到一定数目的情况下，银行提高存款利率就变得利于吸收存款了

利率越高，对社会闲置资金聚集得就越充分。因此存款利率水平和吸收存款的数量成正比

（2）利率变动改变信贷规模和结构。就金融层面来讲，贷款利率的高低与借款者的收益成反比。

当银行贷款利率升高时，伴随的就是企业收益的缩减、买卖机会的缩减以及借款的减少

就银行而言，贷款数量会相应减少；就企业而言，投资规模也会随之缩小，毕竟谁也不想背负高额的负债

当贷款利率增加到一定程度之后，企业不仅会减少借款，甚至缩减当前生产规模，造成大量人员失业的现象

企业把资本从再生产过程中抽出，将生产资本转化为借贷资本，以获取较高利息

反之，降低贷款利率，降低借款者的借款成本，增加收益，盈利机会会增多，借款者就会增加借款，扩大生产规模

因此，贷款利率水平和贷款的数量成反比，国家可以通过调整银行贷款利率水平调节信贷规模

（3）利率变动调节信贷资金结构。信贷资金结构指资金以信贷的形式在各个部门、行业和企业的运作。任何行业或者企业的有效生产运作都离不开资金的支持，所以资金是企业进行生产经营活动的第一推动力和持续推动力。当行业、企业间的信贷资金增多时，其支配的货币资本就相对增多，致使这些行业、企业的经营规模变大，发展速度更快。

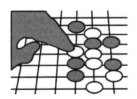

国民经济中各部门所使用的信贷资金数量不同，其发展速度就不同，因此占国民经济的比重也就不同。所以利率起到了调节信贷资金结构、促进产业结构优化的作用

具体调节方法为提供较低的贷款优惠利率给那些发展前景不错的新兴产业、对国民经济发展有帮助的行业和经济发展的重点部门

反之，针对那些尾大不掉或过于陈腐的行业、部门、企业，则推行较高的贷款利率，减少其资金的流入，缩小其生产经营规模

（4）利率变动调节商品价格。利率变动对商品价格的作用相对复杂一些，即当利率变动之后，既提高商品价格又降低商品价格。这一问题是从两个角度看待得到的不同观点，需要具体分析、具体研究。

利率变动对商品价格的影响主要有以下几个方面：

| 影响货币供应量 | 调节需求总量和结构 | 可以增加有效供给 |

调整利率会影响货币供应量。利率高低直接影响银行的信贷总规模，信贷总规模直接决定货币供应量。当流通中的货币量超过货币需要量、商品价格上涨时，提高贷款利率，可以紧缩信贷规模，减少货币供应量，促进商品价格稳定。此影响对百姓而言，商品价格已经上涨，后续措

施只是补救措施；但对企业而言，商品价格其实还可以再高一些，但就是高不了，所以商品价格是相对下降的。

调整利率可以调节需求总量和结构。在商品经济中，国民收入以货币形式进行分配，国家可以运用利率手段，通过银行吸收存款、发放贷款，调节需求总量和结构，实现市场供求平衡和商品价格稳定。

调整利率可以增加有效供给。利息是企业产品成本和价格的一部分。要降低某种商品的价格，可以降低生产这种商品企业的贷款利率，增加收入，促使企业扩大生产，增加商品供应。

（5）利率变动调节国民收入。根据凯恩斯的理论，利率由货币市场的均衡所决定。货币供给是一个国家在某一个时间一定的节点上，所保持不属于政府和中央银行所有的现金与存款的总和。它是一个存量的概念，货币供给量是由国家用货币政策来调节的，只有当货币供给等于货币需求时，货币市场才能达到均衡状态。

如果市场利率低于均衡利率，则货币需求超过供给。这个时候，人们感到手中持有的货币太少，就会卖出有价证券，证券价格就会下降，利率会上升

利率的上升一方面会减少投机动机对货币的需求，另一方面也会抑制投资，从而使国民收入下降，进而减少人们对货币交易的需求

利率上升迫使人们对货币需求的减少一直会持续到需求与货币供求相等为止

相反，当利率高于均衡利率的时候，说明货币供给超过货币需求，这时候人们感到手中持有的货币太多，就会用多余的货币购进有价证券，于是有价证券的价格上升，即利率下降。

货币的供给或者货币需求的变动会影响市场均衡利率的变动，而在分析投资决定时，利率变动会按相反的方向影响投资，进而影响国民收入。

　　利率的下降，一方面增加对货币的投机需求，另一方面又刺激投资，从而使国民收入的水平上升，进而增加人们对货币交易的需求

　　这种情况一直持续到货币供求相等为止。因此只有当货币供求相等时，利率才不再变动

第 5 章

什么是金融危机?
为何会爆发金融危机?

金融危机越来越表现出某种混合形式，究其原因是人们对未来经济更加悲观的预期，使整个区域内货币币值出现较大幅度的贬值。

图解金融学

金融常识一看就懂

金融危机

金融危机又称金融风暴，是指一个国家或几个国家与地区的全部或者大部分金融指标的急剧、短暂和超周期的恶化，如金融资产价格大幅下跌，某个金融市场例如股市或债市金融市场的暴跌等导致整个金融体系乃至整个经济体系产生的危机。之所以说金融危机往往会波及全球，是因为金融的流动性非常强，因此金融的国际性非常强。

金融危机的导火索可以是任何国家的金融产品、市场和机构等。

金融危机的类型可以分为货币危机、债务危机、银行危机和次贷危机等。金融危机越来越表现出某种混合形式。

金融危机的深层原因在于人们对于经济未来的预期极度悲观，整个区域内货币币值出现较大幅度的贬值

此情形令经济总量与经济规模出现较大幅度的缩减，经济增长受到打击

经济萎缩往往伴随着企业大量倒闭、失业率提高、社会普遍的经济萧条，有时候甚至伴随着社会动荡或国家政治层面的动荡

货币危机

货币危机的概念有狭义、广义之分。

狭义的货币危机与特定的汇率制度相对应，其含义是实行固定汇率制的国家，在非常被动的情况下，对本国的汇率制度进行调整，转而实行浮动汇率制

而浮动汇率由市场决定，故当下的汇率水平远远高于原先所刻意维护的水平，这种汇率变动带来的影响令国家难以控制，使百姓难以容忍。这一现象就是货币危机

广义的货币危机泛指汇率的变动幅度超出了一国可承受的范围这一现象。随着市场经济的发展与全球化的加速，经济增长的停滞已不再是导致货币危机的主要原因。就实际运行来看，货币危机通常由泡沫经济破灭、银行呆坏账

增多、国际收支严重失衡、外债过于庞大、财政危机、政治动荡和对政府的不信任等引发。

1. 汇率政策不当

经济学家普遍认同这样一个结论：固定汇率制在国际资本大规模、快速流动的条件下是不可行的。

固定汇率制名义上可以降低汇率波动的不确定性，但是自 20 世纪 90 年代以来，货币危机常常发生在那些实行固定汇率的国家，如巴西、泰国和土耳其等

这些国家大多因为金融危机的爆发而被迫放弃固定汇率，但被迫的汇率调整往往伴随着自信心的丧失、金融系统的恶化、经济增长的放慢以及政局的动荡

2. 外汇储备不足

研究表明，发展中国家保持的理想外汇储备额是"足以抵付三个月进口"。但由于汇率政策不当，部分国家长期锁定某一主要货币引入，将导致本币币值高估，竞争力降低。在货币危机发生前夕，此类国家往往出现经常项目的贸易顺差持续减少，甚至出现巨额贸易逆差。

当国外投资者意识到投资国"资不抵债"即外汇储备不足以偿还所欠外债时，清偿危机会随之出现

在其他众多不稳定因素诱导下，极易引发撤资行为，从而导致货币危机

拉美等地发生的货币危机主要是由于经常项目逆差，即在国际收支中经常发生的交易项目，主要包括贸易收支、劳务收支和单方面转移的逆差。此类情况是由外汇储备减少而无法偿还对外债务造成的。

3. 银行系统脆弱

在大部分新兴市场国家中货币危机的一个可靠先兆是银行危机。银行业是可以引起或者加剧货币危机的。在许多发展中国家，银行收入过分集中于债款收益，但又缺乏对风险的预测能力。

因为资本不足而又没有受到严格监管的银行向国外大肆借取贷款，再贷给国内有问题隐患的项目

由于币种不相配（银行借的往往是美元，贷出去的通常是本币）和期限不相配（银行借的通常是短期资金，贷出的往往是历时数年的建设项目），因此累积的呆坏账越来越多，由此引发或加剧货币危机

4. 金融市场开放过快

研究表明一些新兴市场国家过快开放金融市场，尤其是过早取消对资本的控制，是导致货币危机发生的主要原因。

金融市场开放会引发大规模资本流入，在固定汇率制下导致实际汇率升值，极易扭曲国内经济

当国际或国内经济出现风吹草动时，则会在短期内引起大规模资本外逃，导致货币急剧贬值，由此不可避免地爆发货币危机

5. 政府信任危机

民众及投资者对政府的信任是金融稳定的前提，同时赢得民众及投资者的支持，是政府有效防范、应对金融危机的基础，反之则成为爆发货币危机的前提。毕竟当政府发放的货币不再受到国内人民以及全球投资的信任时，势

必会对该国家的金融体系造成不可估量的破坏。

6. 经济基础薄弱

强大的制造业、合理的产业结构是防止金融动荡的坚实基础。产业结构的严重缺陷是造成许多国家货币危机的原因。当大量企业因为产业链缺陷倒闭之后，将会有无数的工人失去收入，同时企业的银行负债也无力偿还，进而因为国民情绪和银行负债致使货币价值严重波动，导致货币危机爆发。

在国际市场初级产品价格走低及一些国家增加对其他国家的产品壁垒之后，部分国家就丧失了竞争优势，造成出口受挫

外汇收入减少，国民经济下滑，进而影响本国货币的价值，爆发货币危机

7. 危机跨国传播

由于贸易自由化、区域一体化，特别是资本跨国流动的便利化，一国发生货币危机时，极易引起临近国家的金融市场发生动荡，这在新兴市场尤为明显。

尽管危机通常只在一个新兴市场出现，但因惊惶而失去理智的投资者往往将资金从所有新兴市场撤出

这是因为：一方面，投资者担心其他投资者会抛售证券，如果不捷足先登必将最终殃及自己，因此投资者做出抛售决定是理智的选择

另一方面，如果投资者在一国资产（如日本债券）上出现亏空，则他们会通过在其他新兴市场出售类似的资产（如巴西债券）来弥补整个资产的亏损

这对于单个投资者来说是完全正常的。然而，从整体上看，众多投资者撤资会造成一种不理智的结果，势必将相关国家置于金融危机的险境。

债务危机

债务危机是指在国际借贷领域中大量负债，超过了借款者自身的清偿能力，造成无力还债或必须延期还债的现象。一个国家在一年中，外债的还本付息额占当年或上一年出口收汇额的比率。一般情况下应保持在20%以下，超过20%就说明外债负担过高。

例如，20世纪60年代一些发展中国家爆发了债务危机。

从内部因素看，20世纪60年代以后，广大发展中国家大力发展民族经济，为了加快增长速度，迅速改变落后面貌，举借了大量外债。但由于各方面的原因，借入的外债未能迅速促进国内经济的发展，高投入，低效益，造成了还本付息的困难。

60年代初，世界性经济萧条

70年代后期，形势对发展中国家不利

美国于80年代初实行的高利率，加重了发展中国家的债务负担从外部因素看，导致债务危机的原因首先是国际经济环境不利。20 世纪 60 年代初世界性经济萧条是引发债务危机的一个原因。其次是 20 世纪 70 年代后期，国际金融市场的形势对发展中国家不利。国际信贷紧缩、对发展中国家贷款中私人商业贷款过多，也导致 20 世纪 80 年代的债务危机。最后是美国于 20 世纪 80 年代初实行的高利率加重了发展中国家的债务负担。债务危机的爆发对发展中国家和发达国家都有影响。

对此，国际金融机构联合有关国家政府和债权方银行进行了多次对发展中国家债务的重新安排，达成了一些延期支付协议，使危机有所缓和。

广大发展中国家也对国内经济政策进行了调整，并加强了相互间的联合与协调，使危机得到进一步缓和。

金融危机与经济危机

理论上而言，"金融"与"经济"本身就存在较大差别。"金融"是以货币和资本为核心的系列活动总称。所谓金融危机，是指与货币、资本相关的活动运行出现了某种持续性的矛盾。比如，票据兑现中出现的信用危机、买卖脱节造成的货币危机等。

"经济"的内涵显然比"金融"更广泛，它包括"消费""生产"和"金融"等一切与人们的需求和供给相关的活动，它的核心在于通过资源的整合，创造价值、获得福利。就此而言，"经济"是带有价值取向的一个结果，"金融"则是实现这个结果的某个过程。因此，经济危机是指在一段时间里价值和福利的增加无法满足人们的需要。比如供需脱节带来的大量生产过剩（传统意义上的经济萧条），再如信用扩张带来的过度需求。

通过比较可以发现，经济危机与金融危机最大的区别在于，它们对社会福利造成的影响程度和范围不同。

金融危机是指与货币、资本相关的活动运行出现了某种持续性的矛盾

经济危机是指在一段时间里价值和福利的增加无法满足人们的需要。比如供需脱节带来的大量生产过剩

金融危机某种意义上只是一种过程危机，而经济危机则是一种结果危机

金融危机可能会造成经济危机，但经济危机不一定因为金融危机而爆发

从历史上发生的几次大规模金融危机和经济危机来看，大部分经济危机与金融危机都是相伴随的

也就是说，在发生经济危机之前，往往会先出现一波金融危机

在发生经济危机之前，往往会先出现一波金融危机，主要原因在于，随着货币和资本被引入消费和生产过程，消费、生产与货币、资本的结合越来越紧密。

以生产过程为例，资本在生产过程的第一个阶段——投资阶段，便开始介入，货币资本由此转化为生产资本；在第二个阶段，也就是加工阶段，资本的形态由投资转化为商品；而在第三个阶段，也就是销售阶段，资本的形态又由商品恢复为货币。

正是货币、资本经历的这些转换过程，使得货币、资本的投入与取得在时空上相互分离，任何一个阶段出现的不确定性和矛盾都足以导致货币、资本运动的中断，资本投资无法收回，从而出现直接的货币信用危机，也就是金融危机。

当这种不确定性和矛盾在较多的生产领域中出现时，生产过程便会因投入不足而无法继续，从而造成产出的严重下降，引致更大范围的经济危机。这便是为何金融危机总是与经济危机相伴随，并总是先于经济危机而发生的原因所在。

任何一个阶段出
现的矛盾都足以导致货
币、资本运动的中断

资本介入消
费和生产过程

资本投资无法收
回，从而出现直接的
货币信用危机

货币信用危机引发
更大范围的经济危机

第 6 章

什么是通货膨胀?
为什么会产生通货膨胀?

通俗地讲就是纸币的发行量超过流通中所需要的数量,从而引起纸币贬值,物价上涨。我们把这种现象称之为通货膨胀。

图解金融学

金融常识一看就懂

产生通货膨胀的直接原因

通货膨胀是指在货币流通条件下，因货币供给大于货币实际需求，也即现实购买力大于产出供给，导致货币贬值，而引起的一段时间内物价持续而普遍地上涨现象。其实质是社会总需求大于社会总供给（求远大于供）。

凯恩斯主义经济学认为，通货膨胀产生的原因是经济体中总供给与总需求的变化导致物价水平的移动

货币主义经济学认为，通货膨胀产生的原因为当市场上货币发行量超过流通中所需要的货币量时，就会出现纸币贬值，物价上涨，导致购买力下降

与货币贬值不同，整体通货膨胀为特定经济体内的货币价值的下降，而货币贬值为货币在经济体之间相对价值的降低。前者影响此货币在国内使用的价值，而后者影响此货币在国际市场上的价值。

当一个经济体中的大多数商品和劳务的价格连续在一段时间内物价水平以不同形式（包括显性和隐性）普遍上涨时，宏观经济学就称这个经济体经历着通货膨胀

按照这一说明，如果仅有一种商品的价格上升，这不是通货膨胀。只有大多数商品的价格和劳务的价格持续上涨才是通货膨胀

经济学界对于通货膨胀的解释并不完全一致，通常经济学家认可的概念是：在信用货币制度下，流通中的货币数量超过经济实际需要而引起的货币贬值和物价水平全面而持续的上涨。通俗地讲就是纸币的发行量超过流通中所

需要的数量，从而引起纸币贬值，物价上涨。我们把这种现象称之为通货膨胀。

纸币是由国家或地区强制发行并使用的。在货币流通的条件下，如果纸币的发行量超过了流通中实际需要的数量，多余的部分继续在流通中流转，就会造成通货膨胀

用过多的货币供应量与既定的商品和劳务量相对应，必然导致货币贬值、物价上涨，出现通货膨胀

造成通货膨胀的深层原因

通货膨胀是个复杂的经济现象，其成因也多种多样，具体可分为直接原因和深层原因。

不论何种类型的通货膨胀，造成通货膨胀的直接原因也可以说是国家货币发行量的增加。政府通常为了弥补财政赤字，或刺激经济增长，或平衡汇率等原因增发货币。

引发通货膨胀的深层原因有很多，总结下来有以下几个：

（1）需求过度增加。由于经济运行中总需求过度增加，超过了既定价格水平下商品和劳务等方面的供给而引发通货膨胀。需求拉动的通货膨胀是指总需求过度增长所引起的通货膨胀，即"太多的货币追逐太少的货物"。按照凯恩斯的解释，如果总需求上升到大于总供给的地步，过度的需求能引起物价水平的普遍上升。

财政赤字、信用膨胀、投资需求膨胀和消费需求膨胀常常会导致需求拉动型通货膨胀的出现。所以，任何总需求增加的任何因素都可以是造成需求拉动的通货膨胀的具体原因。

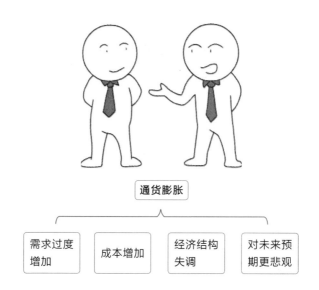

（2）成本增加。成本或供给方面的原因形成的通货膨胀，即成本推进的通货膨胀又称为供给型通货膨胀，是由厂商生产成本增加而引起的一般价格总水平的上涨。引发成本增加的原因大致有：工资过度上涨、利润过度增加以及进口商品价格上涨。

工资过度上涨所造成的成本增加而推动价格总水平上涨。工资是生产成本的主要部分，工资上涨使得生产成本增长，在既定的价格水平下，厂商愿意并且能够供给的数量减少。

成本增加

工资过度上涨　利润过度增加　进口商品价格上涨

在完全竞争的劳动市场上，工资水平完全由劳动的供求均衡所决定。但是在现实经济中，劳动市场往往是不完全的

如果工资增加超过了劳动生产率的提高，则提高工资就会导致成本增加，从而导致一般价格总水平上涨，引发通货膨胀

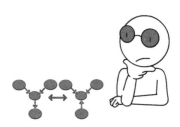

这种通胀一旦开始，还会引起"工资—物价螺旋式上升"，工资和物价互相推动，形成严重的通货膨胀

　　与工资上涨引发的通货膨胀一样，利润推动的通货膨胀是指厂商为谋求更大的利润导致的一般价格总水平的上涨。

具有市场支配力的垄断和寡头厂商也可以通过提高产品的价格而获得更高的利润，导致价格总水平上涨

与完全竞争市场相比，不完全竞争市场上的厂商可以减少生产数量而提高价格，以便获得更多的利润。为此，厂商都试图成为垄断者，结果导致价格总水平上涨

造成成本增加的另一个重要原因是进口商品的价格上升，如果一个国家生产所需要的原材料主要依赖于进口，那么，进口商品的价格上升就会造成成本推进的通货膨胀，其形成的过程与工资推进的通货膨胀是一样的。

（3）经济结构失调。由于一国的部门结构、产业结构等国民经济结构失调而引发通货膨胀，即在社会总需求不变的情况下，社会总供给相对不足而引起通货膨胀。

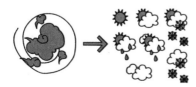

结构型通货膨胀指在总需求并不过多的情况下，由于对某些部门的产品需求过多造成部分产品的价格上涨现象

（4）对未来预期更悲观。在持续通货膨胀的情况下，由于人们对通货膨胀预期不当（对未来通货膨胀的走势过于悲观）而引起更严重的通货膨胀。

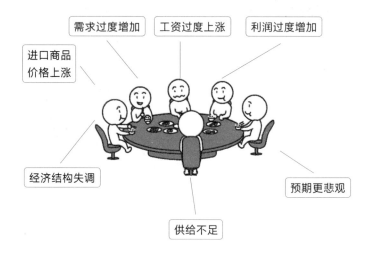

以上是通货膨胀几种主要的深层次成因。应该注意的是，对于某一次具体的通货膨胀，其成因往往不是单一的，而是多种原因综合在一起的，因此需要综合、全面地分析。

判断通货膨胀的三个指数

在实际中，一般不直接，也不可能计算通货膨胀，而是通过价格指数的增长率来间接表示的。由于消费价格是反映商品经过流通各环节形成的最终价格，它最全面地反映了商品流通对货币的需要量，因此，消费价格指数是最能充分、全面地反映通货膨胀率的价格指数。目前，世界各国基本上均用消费价格指数，即CPI来反映通货膨胀的程度。

除了消费价格指数，各国还采用生产者价格指数（PPI）、通货膨胀率来衡量通货膨胀。

消费价格指数是世界各国普遍编制的一种指数。它可以用于分析市场价格的基本动态，是政府制定物价政策和工资政策的重要依据。

消费价格指数调查的是社会产品和服务项目的最终价格，一方面同人民群众的生活密切相关，另一方面在整个国民经济价格体系中也具有重要的地位。

消费价格指数是进行经济分析和决策、价格总水平监测和调控及国民经济核算的重要指标。其变动率在一定程度上反映了通货膨胀或紧缩的程度。

一般来讲，物价全面地、持续地上涨就被认为发生了通货膨胀。

消费价格指数调查的是社会产品和服务项目的最终价格，一方面同人民群众的生活密切相关，另一方面在整个国民经济价格体系中也具有重要的地位

消费价格指数是进行经济分析和决策、价格总水平监测和调控及国民经济核算的重要指标。其变动率在一定程度上反映了通货膨胀或紧缩的程度

一般来讲，物价全面地、持续地上涨就被认为发生了通货膨胀

生产者价格指数是衡量工业企业产品出厂价格变动趋势和变动程度的指数，是反映某一时期生产领域价格变动情况的重要经济指标，也是制定有关经济政策和国民经济核算的重要依据。

生产者价格指数是用来衡量生产者在生产过程中，所需采购品的物价状况，因而这项指数包括了原料、半成品和最终产品等（美国约采用 3 000 种产品）三个生产阶段的物价信息。

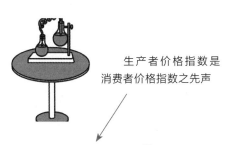

生产者价格指数是消费者价格指数之先声

理论上来说，生产过程中所面临的物价波动将反映至最终产品的价格上，因此观察生产者价格指数的变动情形将有助于预测未来物价的变化状况，因此这项指标受到了市场的重视

通货膨胀率简称通胀率，是货币超发部分与实际需要的货币量之比，用以反映通货膨胀、货币贬值的程度。

经济学上，通货膨胀率是指一般价格总水平在一定时期（通常是一年）内的上涨率

以气球来类比，若其体积大小为物价水平，则通货膨胀率为气球膨胀速度。或者说，通货膨胀率为货币购买力的下降速度

通货膨胀与通货紧缩

通货紧缩指市场上流通货币减少，人们的货币所得减少，购买力下降，影响物价至下跌。通货紧缩是经济衰退的货币表现，一般有三个基本特征：一是物价的普遍持续下降；二是货币供给量连续下降；三是有效需求不足，经济全面衰退。

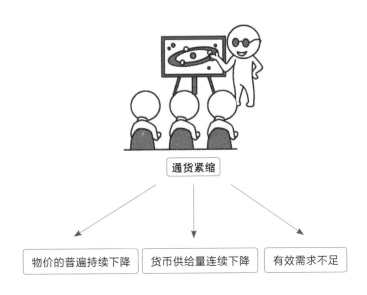

通货膨胀与通货紧缩的区别

通货膨胀是指纸币的发行量超过流通中所需要的数量，从而引起纸币贬值、物价持续上涨的经济现象，其实质是社会总需求大于社会总供给；通货紧缩是与通货膨胀相反的一种经济现象，是指在经济相对萎缩时期，物价总水平较长时间内持续下降，货币不断升值的经济现象，其实质是社会总需求持续小于社会总供给。

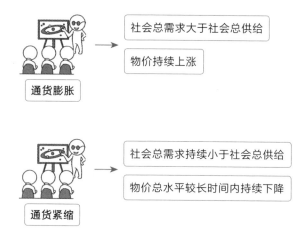

通货膨胀最直接的表现是纸币贬值，物价上涨，货币货币购买力降低。通货紧缩往往伴随着生产下降，市场萎缩，企业利润率降低，生产投资减少，以及失业增加，收入下降，经济增长乏力等现象，主要表现为物价低迷，大多数商品和劳务价格下跌。

我们造成供给不均衡  我们造成价格信号失真

通货膨胀和通货紧缩

通货膨胀的成因主要是社会总需求大于社会总供给，货币的发行量超过了流通中实际需要的货币量。通货紧缩的成因主要是社会总需求小于社会总供给，长期的产业结构不合理，形成买方市场及出口困难。

通货膨胀直接使纸币贬值，如果居民的收入没有变化，生活水平就会下降，造成社会经济生活秩序混乱，不利于经济的发展。

不过在一定时期内，适度的通货膨胀又可以刺激消费，扩大内需，推动经济发展；通货紧缩导致物价下降，在一定程度上对居民生活有好处。

从长远看，通货膨胀会严重影响投资者的信心和居民的消费心理，导致恶性的价格竞争，对经济的长远发展和人民的长远利益不利。

治理通货膨胀最根本的措施是发展生产，增加有效供给，同时要采取控制货币供应量，实行适度从紧的货币政策和量入为出的财政政策等措施。治理通货紧缩要调整优

化产业结构，综合运用投资、消费、出口等措施拉动经济增长，实行积极的财政政策、稳健的货币政策、正确的消费政策，坚持扩大内需的方针。

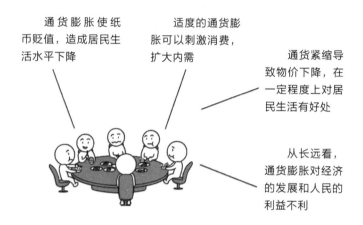

通货膨胀使纸币贬值，造成居民生活水平下降

适度的通货膨胀可以刺激消费，扩大内需

通货紧缩导致物价下降，在一定程度上对居民生活有好处

从长远看，通货膨胀对经济的发展和人民的利益不利

通货膨胀和通货紧缩都是由社会总需求与社会总供给不平衡造成的，即流通中实际需要的货币量与发行量不平衡造成的

两者都会使价格信号失真，影响正常的经济生活和社会经济秩序，因此必须采取有效的措施予以抑制

低通货膨胀、急剧通货膨胀、恶性通货膨胀

以通货膨胀的剧烈程度看，通货膨胀可以表现为低通货膨胀、急剧通货膨胀和恶性通货膨胀。

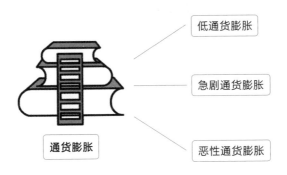

低通货膨胀的特点是，价格上涨缓慢且可以预测。

低通货膨胀可以将其定义为年通货膨胀率为 1 位数的通货膨胀。此时的物价相对来说比较稳定，人们对货币比较信任

当总价格水平以每年 20%、100% 甚至 200% 的 2 位数或 3 位数的比率上涨时，即产生了急剧通货膨胀。

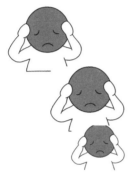

急剧通货膨胀的局面一旦形成并稳固下来，便会出现严重的经济扭曲，货币迅速贬值，人们只愿意保留极少量的货币在手中以应付日常交易所需，人们更愿意囤积商品，购置房产

恶性的通货膨胀指流通货币量的增长速度大大超过货币流通速度的增长，货币几乎无固定价值，物价时刻在增长。人们会急于以货币换取实物，人心惶惶的结果只会更加速通货膨胀的恶化，整体经济濒临崩溃边缘。

恶性的通货膨胀产生灾难性的影响，使市场经济变得一无是处

恶性通货膨胀较为少见，往往是战争和革命之后社会与经济遭受极大破坏的结果。

例如，1920~1923 年德国发生了恶性通货膨胀，如果假设 1922 年 1 月的物价指数为 1，那么 1923 年 11 月的物价指数则为 100 亿。中国在 1948~1949 年国民党政府滥发钞票曾形成过恶性通货膨胀，货币贬值达到无法统计的程度，许多商品的物价 1 天之内能翻一倍。

通货膨胀的危害

许多经济学家认为温和良性的通货膨胀有利于经济的发展。

但在现实经济中，产出和价格水平是一起变动的，通货膨胀常常伴随着有扩大的实际产出，只有在较少的一些场合中，通货膨胀的发生伴随着实际产出的收缩。

如果社会的通货膨胀率是稳定的，人们可以完全预期，那么通货膨胀率对社会经济生活的影响很小。因为在这种可预期的通货膨胀之下，各种名义变量（如名义工资、名义利息率等）都可以根据通货膨胀率进行调整，从而使实际变量（如实际工资、实际利息率等）不变。这时通货膨胀对社会经济生活的的唯一影响，是人们将减少他们所持有的现金量。

但是，在通货膨胀率不能完全预期的情况下，通货膨胀将会影响社会收入分配及经济活动。因为这时人们无法准确地根据通货膨胀率来调整各种名义变量，以及他们应采取的经济行为。

（1）在政府与公众之间，通货膨胀将有利于政府而不利于公众。

由于在不可预期的通货膨胀之下，名义工资总会有所增加（尽管并不一定能保持原有的实际工资水平）。随着名义工资的提高，达到纳税起征点的人增加了，有许多人进入了更高的纳税等级，这样就使得政府的税收增加

公众纳税数额增加，实际收入却减少了。政府由这种通货膨胀中所得到的税收称为"通货膨胀税"

一些经济学家认为，这实际上是政府对公众的掠夺。这种通货膨胀税的存在既不利于储蓄的增加，也影响了私人与企业投资的积极性

（2）通货膨胀对储蓄者不利。

随着价格的实际上涨，存款的实际价格或购买力就会降低，那些有闲置货币和存款在银行的人会受到严重的打击

同样，像养老金、保险金以及其他有价值的财产证券等，它们本来是作为防患未然和蓄资养老的，在通货膨胀中，其实际价值也会下降

（3）在雇主与工人之间，通货膨胀将有利于雇主而不利于工人。

在不可预期的通货膨胀之下，工资增长率不能迅速地根据通货膨胀率来调整，从而即使在名义工资不变或略有增长的情况下，使实际工资下降

实际工资的下降会使利润增加

利润的增加有利于刺激投资，这正是一些经济学家主张以温和的通货膨胀来刺激经济发展的理由

（4）通货膨胀不利于靠固定的货币收入维持生活的人。

对于固定收入阶层来说，其收入是固定的货币数额，落后于上升的物价水平。其实际收入因通货膨胀而减少，他们的生活水平必然相应地降低

相反，那些靠变动收入维持生活的人则会从通货膨胀中得益，他们可以用贬了值的货币偿还债务，以及借物价飞涨之机囤积货物，以获得巨额的利润

（5）在债务人与债权人之间，通货膨胀将有利于债务人而不利于债权人。

在通常情况下，借贷的债务契约都是根据签约时的通货膨胀率来确定名义利率，所以当发生了未预期的通货膨胀之后，债务契约无法更改

此情况使实际利率下降，债务人受益，而债权人受损

其结果是对贷款，特别是长期贷款带来不利的影响，使债权人不愿意发放贷款。贷款的减少会影响投资，最后使投资减少

第 7 章

什么是信用?
信用为何会影响经济的运行?

　　信用是价值运动的特殊形式,资产所有权没有发生转移,只是资金使用权得到了转移,通过信用方式融通资金,促成了资金的再分配和利润率的平均化。

图解金融学

金融常识一看就懂

信用概述

所谓信用，是指依附在人之间、单位之间和商品交易之间形成的一种相互信任的生产关系和社会关系。

从金融层面看信用，即提供贷款和产生债务。在许多场合，金融信用也可以指借债方偿还债务的信誉和能力

从货币和资本来看，信用就是资本，货币就是信用，信用创造货币，信用形成资本

在金融学范畴中的信用，其基本特征是偿还和付息，即信用是一种借贷行为，借贷的前提条件是到期要按时偿还本金，并支付使用资金的代价——利息。在这里，信用是价值运动的特殊形式，资产所有权没有发生转移，只是

资金使用权得到了转移。

　　首先，通过信用方式融通资金，促成了资金的再分配和利润率的平均化。

生产资金固定在特定的自然形态上，只能用于一定的用途，不能自由转移

但闲置的货币资金可以通过信用方式聚集起来投放到任何产业，使资金在各产业之间进行再分配

资金从利润较低的产业转向利润较高的产业，因而促成了各产业利润率的平均化，并自发调节着各产业间的比例关系

　　其次，信用加速了资本的集中和积累。

大资本通过银行信贷的支持，使其在竞争中加速了对中小资本的吞并，使资本更加集中

同时信用把各企业零散的、用作积累的利润汇合为巨额货币资本，用于支持追加资本扩大再生产的企业，加快了资本的积累过程

最后，信用可以节省流通费用，加速资本的周转。

信用工具的广泛使用节约了现金流通及其相关的各项费用，也加速了商品的销售进程，节省了商品保管、运输等费用

信用的产生与发展

　　私有制出现以后，社会分工不断发展，大量剩余产品不断出现。私有制和社会分工使得劳动者各自占有不同劳动产品，剩余产品的出现则使交换行为成为可能。随着商品生产和交换的发展，商品流通出现了矛盾——"一手交钱、一手交货"的方式由于受到客观条件的限制经常发生困难。于是，赊销即延期支付的方式应运而生。

没钱我还想进货

没事，东西先给你，钱你慢慢还

　　赊销意味着卖方对买方未来付款承诺的信任，意味着商品的让渡和价值实现发生时间上的分离。这样，买卖双方除了商品交换关系之外，又形成了一种债权债务关系，即信用关系。当赊销到期、支付货款时，货币不再发挥其流通手段的职能而只充当支付手段。这种支付是价值的单方面转移。

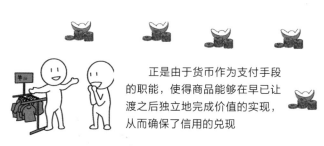

正是由于货币作为支付手段的职能，使得商品能够在早已让渡之后独立地完成价值的实现，从而确保了信用的兑现

整个过程实质上就是一种区别于实物交易和现金交易的交易形式，即信用交易

　　后来，信用交易超出了商品买卖的范围。

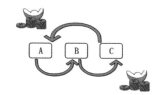

作为支付手段的货币本身也加入了交易过程，出现了借贷活动

从此，货币的运动和信用关系联结在一起，并由此形成了新的范畴——金融。现代金融业正是信用关系发展的产物

在市场经济发展初期，市场行为的主体大多以延期付款的形式相互提供信用，即商业信用

在市场经济较发达时期，随着现代银行的出现和发展，银行信用逐步取代了商业信用，成为现代经济活动中最重要的信用形式

　　总之，信用交易和信用制度是随着商品货币经济的不断发展而建立起来的；进而，信用交易的产生和信用制度的建立促进了商品交换和金融工具的发展；最终，现代市场经济发展成为建立在错综复杂的信用关系之上的信用经济。

信用的基本类型

　　"信用"实际上是指"借"和"贷"的关系，指"在一段限定的时间内获得一笔钱的预期"。你借得一笔钱或一批货物，实际上就相当于你得到了对方的一个"有期限的信用额度"，你之所以能够得到对方的这个"有期限的信用额度"，通常是因为对方对你的信任，有时也可能是因为战略考虑和其他的因素不得已而为之。从金融的角度理解，信用有着丰富的层次，至少可以从政府、企业、个人、银行几个层次来理解。

信用

政府信用　企业信用　个人信用　银行信用

政府信用是指一个国家各级政府举债的能力，所产生的信用工具被称为公共信用。

政府为人民提供各种服务，诸如国防、教育、交通、医疗及社会福利，需要庞大的经费开支

但是政府税收的增加往往赶不上支出的增加，因此政府会出现庞大的赤字。为弥补财政赤字，政府发行或出售各种信用工具

这些信用工具代表政府对持有人所做出的将来偿还借款的承诺。这种偿还债务的承诺来自公共机关，因此称为公共信用

企业信用泛指一个企业法人授予另一个企业法人的信用，其本质是卖方企业对买方企业的货币借贷。企业信用最常见的形式是赊销，即卖方与买方签订购货协议后，卖方让买方取走货物，而买方按照协议在规定日期付款或以分期付款形式付清货款。在赊销的形式中，卖方通常被称为授信方。

在产品赊销过程中，授信方通常是材料供应商、产品制造商和批发商，而买方则是产品赊销的受益方，它们是各种各样的企业客户或代理商

买方以自己企业的名义取得卖方所授予的信用

　　企业信用还涉及商业银行、财务公司、其他金融机构对企业的信贷，以及通过即期汇款付款和预付货款方式以外的贸易方式所产生的信用。

我没有钱！

那先把货提走，下个月付我钱

　　银行也是企业，而且是专门经营信用的企业。

在产品赊销过程中，银行等金融机构为买方提供融资支持，并帮助卖方扩大销售

商业银行等金融机构以货币方式授予企业信用，贷款和还贷方式的确定以企业信用水平为依据

商业银行对不符合其信用标准的企业，会要求它们提供抵押、质押作为保证，或者由担保公司为这些企业做出担保

　　一家企业的信用可以体现出其价值，并达到长久合作的目的。如果企业失去信用，那么企业就面临着倒闭的考验。

　　消费者信用是指消费者以对未来偿付的承诺为条件的商品或劳务的交易关系。如常见的形式是信用卡消费、分期付款等。

事实上，消费者信用作为市场经济中的交易工具已经有很长的历史了

第二次世界大战以后，科技突飞猛进，生产力大幅提高。为了推销商品，商人设计出许多创新推销方式，诸如分期付款、赊购证、信用卡等

消费者信用的出现扩大了市场的规模并使消费者可以提前享受到他们所要的东西

信用是把双刃剑

就金融而言，信用存在积极与消极两种作用，如同一把双刃剑，一不小心就会割伤自己。

积极作用

信用促进了资金优化配置，提高了资金使用效率。通过借贷，资金可以流向投资收益更高的项目，可以使投资项目得到必要的资金，资金盈余单位又可以获得一定的收益；通过信用调剂，让资源及时转移到需要这些资源的地方，就可以使资源得到最大限度的运用。

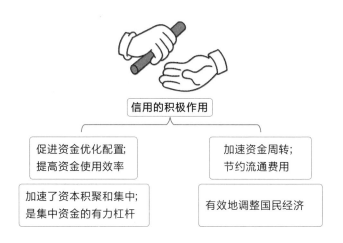

信用的积极作用

促进资金优化配置；
提高资金使用效率

加速资金周转；
节约流通费用

加速了资本积聚和集中；
是集中资金的有力杠杆

有效地调整国民经济

加速资金周转，节约流通费用。由于信用能使各种闲置资金集中起来并投放出去，使大量原本处于相对静止状态的资金运动起来，这对于加速整个社会的资金周转无疑是有巨大作用的，并且利用各种信用形式，还能节约大量的流通费用，增加资金生产投资。

信用加速了资本积聚和集中。信用是集中资金的有力杠杆。信用制度使社会闲散资金集中到了少数企业中，使企业规模得以扩大。

信用有效地调整着国民经济。信用调节经济的职能主要表现在国家利用货币和信用制度来制定各项金融政策和金融法规，利用各种信用杠杆来改变信用规模及其运动趋势，从而调整国民经济。

消极作用

信用既有积极的作用，也有消极的作用。

信用的消极作用

有可能造成虚假繁荣　　有可能引发货币信用危机

　　信用的发展有可能造成虚假繁荣，加深生产与消费的矛盾，加速生产过剩危机的爆发。

　　信用还会引发货币信用危机。当信用造成生产与消费的矛盾尖锐化并发生生产过剩危机时，货币流通与信用关系也会发生混乱。因为生产过剩，商品销售困难，使商业信用引发的债务得不到偿还，商业信用急剧缩减，银行贷款难以收回，势必造成货币流通和信用的严重混乱，发生货币信用危机。

第 8 章

什么是企业理财？
如何让现金稳健运行？

现金是企业资金运动的起点和终点，其他资产都是现金在流转中的转化形式，现金运动是企业资金运动的动态表现，因此企业理财的对象也可以说是现金及其流转。

图解金融学

金融常识一看就懂

企业理财的概念

企业理财是指对企业财务活动所进行的管理。企业理财主要是根据资金的运动规律，对企业生产经营活动中资金的筹集、使用和分配，并进行预测、决策、计划、控制、核算和分析，提高资金运用效率，实现资本保值增值的管理工作。

现代市场经济中，商品生产和交换所形成的错综复杂的经济关系，均以资金为载体，资金运动成为各种经济关系的体现

企业理财全部围绕资金运动而展开

现金是企业资金运动的起点和终点，其他资产都是现金在流转中的转化形式。现金运动是企业资金运动的动态表现，因此企业理财的对象也可以说是现金及其流转

企业理财的发展

企业理财在企业管理中所发挥的作用经历了从核算型理财到管理型理财，从管理型理财到战略型理财，从战略型理财到价值型理财的演化过程。在此过程中，企业理财的功能得到不断提升。

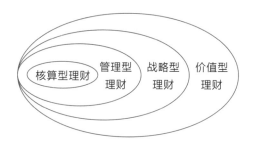

所谓核算型理财，即把理财的功能等同于会计，其主要任务是以核算为中心，算账、出报表。此时的理财部实际上就是会计部。

当企业发展到一定阶段后，财务的单一核算功能不能满足企业经营决策的需要，因此，从核算型理财转变为管理型理财就成为必然

财务部变成了管理部门，即财务的职责要超出会计的范畴，融入企业的管理和控制过程中

　　战略型理财是以企业发展战略为中心，从战略的角度思考企业理财的功能定位，通过理财决策的制定和理财资源的配置，确保企业达成战略目标。为此，财务部门可以成为企业的"冷静头脑"，质疑所要实施的各种投融资决策，积极主动地管理企业的业务结构、资本结构和债务政策。

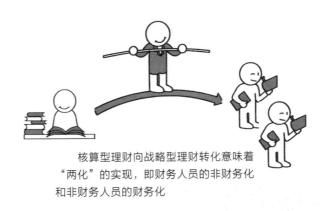

核算型理财向战略型理财转化意味着
"两化"的实现，即财务人员的非财务化
和非财务人员的财务化

首先，财务人员的非财务化意味着财务人员在企业的角色转换，从只负责具体的数据核算分析到主动与业务管理人员建立合作关系，指导、建议和支持各部门做出正确的决策，并且协助制定和执行企业战略。

其次，非财务人员的财务化意味着各级管理层必须充分了解理财的基本原理和方法，学会从财务的视角审视管理中遇到的问题

从本质上讲，企业理财和企业战略研究的是同一个问题，即如何使企业价值最大化。因此，理财与战略的融合不仅是可能的，而且是必然的，其结果就是所谓的价值型理财。价值型理财以价值创造为中心，不再将财务战略视为企业战略体系中的一个子战略，而是强调从战略和全局的高度整合企业的财务资源，以获得持续的竞争优势。因此，它是战略型理财的进一步升华。

价值型理财突出以创造价值为导向的目标定位，通过价值导向的企业经营规划和价值导向的绩效衡量体系设计，使薪酬制度与创造价值相联结

战略型理财重视建立与资本市场的
沟通渠道，重塑高层管理者的功能角色，
形成一套系统的管理体系

企业理财的分类和特性

企业理财以资金运动为对象，而资金运动是对企业经营
过程的现象化展示，是对企业再生产运行过程的全面再现。
于是，以资金管理为中心的企业理财活动是一个动态管理系统。

企业理财涵盖三方面的内容：经营性现金流动；投资
性现金流动；融资性现金流动。

经营性现金流动是指同企业产品的生
产、销售和服务提供相联系的交易形成的现
金流入与流出

投资性现金流动是指同企业固定资产与长期证券
的购进与出售相联系的交易形成的现金流入与流出

融资性现金流动是指同企业股东
权益、长期债务筹资与短期债务融资
相联系的交易形成的现金流入与流出

171

　　企业理财围绕资金运动展开。资金运动作为企业生产经营主要过程和主要方面的综合表现具有最大的综合性。掌握了资金运动，犹如牵住了企业生产经营的"牛鼻子"，"牵一发而动全身"。综合性是理财的重要特征。

企业理财主要解决的问题就是经营过程中的资金管理、投资、融资和股利分配问题

金融市场划分为资本市场和货币市场，企业进行的投资和融资活动主要在资本市场进行，资本市场为企业提供投融资的渠道和载体

企业投资

　　企业投资是指企业投入财力，以期望在未来获取收益的一种行为。例如企业的改建、扩建、技术改造投资和文化娱乐等非生产性设施的投资。

　　根据生产经营关系，企业投资可分为直接投资和间接投资，直接投资是指把资金投放于生产经营环节中，以期获取利益的投资。在非金融性企业中，直接投资所占比重较大。间接投资又称证券投资，是指企业把闲置资金投放于证券等金融性资产，以获取股利或利息收入的投资。

直接投资　　　　　间接投资

　　根据回收时间，企业投资可分为短期投资和长期投资。短期投资是指准备在一年以内收回的投资，主要指对现金、应收账款、存货、短期有价证券等的投资。长期投资是指一年以上才能收回的投资（长期投资还可以分为 5 年以上的长期投资，3~5 年的中期投资），主要指对房屋、建筑物、机器、设备等能够形成生产能力物质技术基础的投资，也包括对无形资产（如知识产权等类型）和长期有价证券的投资。

| 短期投资 | | 长期投资 |

　　一般而言，长期投资风险高于短期投资，与此对应，长期投资的收益通常高于短期投资的收益。长期投资中对房屋、建筑物、机器、设备等能够形成生产能力物质技术基础的投资，是一种以特定项目为对象，直接与新建或更新改造项目有关的长期投资行为，且投资所占比重较大，建设周期较长，所以称为项目投资。

根据资产性质，企业投资可分为固定资产投资、流动资产投资和无形资产投资。

固定资产投资是指企业垫付货币，以在一定时期内改造或购置厂房、生产设备等固定资产。流动资产投资是指企业垫付生产经营过程中周转使用的资金。无形资产投资是指投资人以拥有的专利权、非专利技术、商标权、土地使用权等作价投资。

| 固定资产投资 | 流动资产投资 | 无形资产投资 |

企业投资的目的

企业投资的目的永远都是为了获得投资收益，从而实现企业的财务目标。但企业的投资总是针对各个相对独立的投资项目进行的，具体投资业务的直接目的也是有区别的。企业投资的目的可以分为以下几种类型：

| 扩充规模 | 收购相关企业 | 维持现有规模效益 | 提高质量、降低成本 | 应对经营风险 | 承担社会义务 |

（1）扩充规模。以扩充规模为目的的投资，称为扩充型投资，其目的又分两种方式。

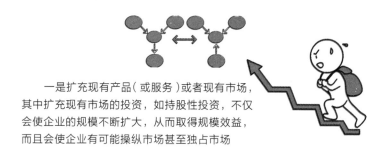

一是扩充现有产品（或服务）或者现有市场，其中扩充现有市场的投资，如持股性投资，不仅会使企业的规模不断扩大，从而取得规模效益，而且会使企业有可能操纵市场甚至独占市场

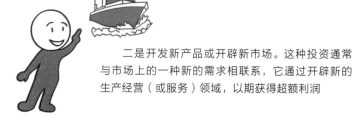

二是开发新产品或开辟新市场。这种投资通常与市场上的一种新的需求相联系，它通过开辟新的生产经营（或服务）领域，以期获得超额利润

（2）收购相关企业，是为了特定经营战略进行的投资。

收购相关企业是为了控制市场和增强自身竞争能力，为了形成稳定的原料供应基地和提高市场占有率

此类方式主要通过投资获得其他企业部分或全部经营控制权，以服务于本企业的经营目标

（3）维持现有规模效益。

这类投资是假定企业生产的产品（或提供的劳务）的市场需求规模不变，而在产品（或服务）成本一定的前提下，为维持现有规模效益所进行的更新投资

如不进行这种投资，必然带来规模缩减，引起企业经济效益下降

（4）提高质量、降低成本的重置型投资。

该投资是假定企业的生产经营（或服务）规模不变，企业通过投资提高产品（或服务）质量，降低单位成本而取得效益

一般是通过更换旧设备，采用先进的设备和技术来实现。由于这种投资不会扩大业务规模，所以也称这种投资为重置型投资。

（5）应对经营风险。

企业生产经营的许多方面都会受到来源于企业外部和内部的诸多因素影响，具有很大的不确定性

经营风险是指因生产经营方面的原因给企业盈利水平带来的不确定性。企业可以通过投资来应对经营风险

应对经营风险的投资主要有以下类型：一是通过多元化投资实现风险分散，它可以使经营失败的项目得到经营成功项目的弥补。二是通过风险控制以降低风险，降低风险的投资不仅体现在多个投资项目上，而且也体现在一个独立的投资项目中，即所投入的资金必须有一部分是用于防范经营风险的。

（6）承担社会义务。所谓承担社会义务，是指企业投资的结果是非收入性的，是一种为社会服务的义务性投资，如工业安全和环境保护等方面的投资。承担社会义务的投资表面上看是非收入性的，但是从长期来看，会直接影响企业的社会形象，进而影响企业的生产经营活动。

承担社会义务的投资表面上看是非收入性的，但是从长期来看，会直接影响企业的社会形象，进而影响企业的生产经营活动

企业投资的考虑因素

尽管投资的目的多种多样，但是，根本动机是追求较多的投资收益和实现最大限度的投资增值。在投资中考虑投资收益，要求在投资方案的选择上必须以投资收益的大小来取舍，要以投资收益具有确定性的方案为选择对象，

要分析影响投资收益的因素，并针对这些因素及其对投资方案作用的方向、程度，寻求提高投资收益的有效途径。

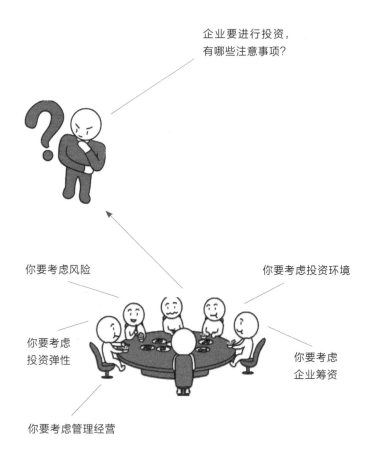

企业要进行投资，有哪些注意事项？

你要考虑风险

你要考虑投资环境

你要考虑投资弹性

你要考虑企业筹资

你要考虑管理经营

风险

投资风险表现为未来收益和增值的不确定性。诱发投资风险的主要因素有政治因素、企业投资审批流程。

在投资中考虑投资风险意味着必须权衡风险与收益的关系，充分合理地预测投资风险，防止和减少投资风险给企业带来损失的可能性，并提出合理规避投资风险的策略，以便将实施投资的风险降至最低程度。

投资弹性

投资弹性涉及两个方面：一是规模弹性，即投资企业必须根据自身资金的可供能力和市场供求状况，调整投资规模，或者收缩或者扩张。二是结构弹性，即投资企业必须根据市场的变化，及时调整投资结构，主要是调整现存投资结构，这种调整只有在投资结构具有弹性的情况下才能进行。

管理经营

对外投资管理与对内投资管理相比，涉及因素多、关系复杂、管理难度大。比如，股票投资就需要有扎实的证券知识和较强的证券运作技能。所以，对外投资要以相应的业务知识、法律知识、管理技能、市场运作经验为基础。在许多情况下，通过投资获得其他企业的部分或全部的经营控制权，以服务于本企业的经营目标，这就应该认真考虑用多大的投资额才能拥有必要的经营控制权，取得控制权后，如何实现其权利等问题。

投资环境

市场经济条件下的投资环境具有构成复杂、变化较快等特点。这就要求财务管理人员在投资决策分析时，必须熟知投资环境的要素、性质，认清投资环境的特点，预知投资环境的发展变化，重视投资环境的影响作用，不断增强对投资环境的适应能力、应变能力和利用能力，根据投资环境的发展变化，采取相应的投资策略。

企业筹资

企业筹资是指企业作为筹资主体根据其生产经营、对外投资和调整资本结构等需要，通过筹资渠道和金融市场，运用筹资方式，经济有效地筹措和集中资本的活动。在现代市场经济竞争中，企业只有正确地选择融资方式来筹集生产经营活动中所需要的资金，才能保障企业生产经营活动的正常运行和扩大再生产的需要。企业所处的内外环境各不相同，所选择的融资方式也有相应的差异。企业只有采取了适合企业自身发展的筹资渠道和融资方式才能够促进企业的长期发展。

企业直接融资

资金是企业体内的血液，是企业进行生产经营活动的必要条件，没有足够的资金，企业的生存和发展就没有保障。

企业融资是指企业通过各种途径和方式筹措企业生存和发展所必需的资金的活动。

企业融资有以下两种模式

直接融资
　　没有任何金融机构或者金融中介机构在其中参与的一种资金的融通方式

间接融资
　　金融机构或者金融中介机构在其中参与的一种资金的融通方式

直接融资的方式有很多，例如企业通过发行债券、股票、商业信用等一系列的方式，在资本市场上公开地从社会上筹集到自身融通所需的资金。

因为没有金融机构中间环节的参与，直接融资的方式使得企业和投资者双方都可以获得最大的利益。

因为直接融资没有中间环节，因此企业可以直接从投资者的手中获得融资。这种融资的方式使企业和投资者建立起直接的债权债务关系，所以中间几乎没有资金的损耗，最大限度地降低了企业的成本

直接融资可以在企业与个人之间、企业与企业之间、政府与企业和个人之间、个人与个人之间同时进行。这种直接融资的方式，使企业的融资活动分散到各种场合，这对于需要多次融资才可能拿到足够资金的企业来说，是非常实用的方式

在法律允许的范围内，直接融资的企业可以自由决定融资的对象和数量。企业主可以根据自己的需要调整股权结构，或者以单纯的借贷方式来维护自己在企业中的话语权

直接借钱——发行债券

债券是一种金融契约，是指政府、金融机构、工商企

业等直接向社会借债筹措资金，同时承诺按一定利率支付利息，并按约定条件偿还本金的债权债务凭证。

债券购买者或投资者与发行者之间是一种直接的债权债务关系，债券发行人即债务人，投资者（债券购买者）即债权人。

因为债券可以流通的特性，因此债券成为现代经济中一种十分重要的融资工具，按发行主体的不同可分为政府债券、企业债券和金融债券。

企业债券通常又称为公司债券，是指企业为筹集经营所需的资金而向社会发行的借款凭证。但是企业在发行债券融资的时候，要注意发行债券和非法集资的区别。一旦过线，后果严重

企业债券的发行主体是股份有限公司，但也可以由具备条件的非股份有限公司发行债券，所以，一般归类时，我国习惯于把公司债券和企业发行的债券合在一起，可直接称为公司（企业）债券

资本市场融资——发行股票

发行股票融资是指股份有限公司通过发行股票（将经营公司的全部资本等额划分，表现为股票形式）的形式来筹集资金，经批准后上市流通，公开发行。股票可以由投资者直接购买，股份有限公司在时间内可筹集到巨额资金。

发行股票融资一般可分为定向募集和向社会募集两种。

资本市场的上市融资，本质上是企业所有者通过出售可接收的部分股权，换取企业当期急需的发展资金，依靠资本市场促使企业迅速做大的一种行为方式。

从长远的角度讲，发行股票融资是手段而不是企业发展的终极目的。

商业票据

商业票据是商业信用的融资工具，它是在信用买卖时证明债权债务关系的书面凭证。简单来说，商业票据就是一种由金融或非金融机构出售的本票形式的短期无担保负债形式，它也是一种用来向银行以外其他机构借款的手段。

商业票据以两种方式销售

出票人可以直接把商业票据销售给买方

出票人把票据销给某家票据交易公司，再由这家票据交易公司在市场上出售

商业票据的销售对象一般是一些喜欢在短期货币市场上进行投资的企业。承担商业票据买卖的交易商大多是从事国际性操作业务的大证券公司。

如果商业票据的持有人遇到企业现金流紧张的情况，也可使用未到期的票据向银行办理贴现

贴现是银行办理放
款业务的一种方式

当商业票据的持有人需要现
金时，可将未到期的票据卖给银
行，银行则按市场贴现率扣除自
贴现日至票据到期日的利息后，
将票面余额支付给持票人

企业间接融资

相对于间接融资而言，发行债券、股票等直接融资的方式相对来说复杂些，操作流程也比较烦琐。长期以来企业的融资结构以间接融资为主。

间接融资是指以金融机构为中间方，由金融机构以吸收存款、发放债券等形式汇集社会闲散资金，需要融资的企业与金融机构联系，从金融机构获得资金。

银行贷款是目前企业使用最多的间接融资方式。

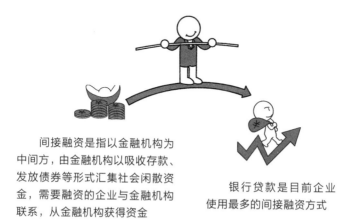

间接融资是指以金融机构为中间方，由金融机构以吸收存款、发放债券等形式汇集社会闲散资金，需要融资的企业与金融机构联系，从金融机构获得资金

银行贷款是目前企业使用最多的间接融资方式

项目融资

什么是项目融资呢？为了建设一个新项目或者收购一个现有项目，以及对已有项目进行债务重组所进行的一切融资活动都可以被称为项目融资。

用更通俗的语言解释就是，项目融资是指以项目的名义筹措一年期以上的资金，以项目营运收入承担债务偿还责任的融资模式。

想要建设新项目却没有
资金，这可如何是好？

你可以融资啊，只需要将新项目收
益提前抵押就可以完成你的目标

项目融资不需要投资者以资产或者信用作为抵押和担

保，也不需要其他的部门对此做出任何承诺。贷款的发放对象是专门为项目融资和经营而成立的项目公司。

项目融资是贷款人向特定的项目提供贷款的一种协议融资

贷款人对于此项目所产生的现金流量享有偿债请求权，同时此项目资产是作为附属担保的一种融资形式。此项目的未来收益和资产都是项目融资的资金来源

项目融资最早源于资源开发项目。资源开发项目主要包括石油、天然气、煤炭、铁和铜等开采业。

基础设施建设的项目投资规模巨大，如果加入了商业化的运作，那么既可以尽快完成项目，还可以减轻政府完全出资的资金压力，最重要的是在经过商业化运作之后，还可能从中产生收益，甚至是较高的收益。因此，国家的基础设施建设，譬如铁路、公路、港口、电信和能源等项目的建设，一直是项目融资应用最多的领域。

项目融资常见的两种形式

无追索权的项目融资　　　　　　　　　　　有追索权的项目融资

（1）无追索权的项目融资。无追索权的项目融资也被称为纯粹的项目融资，在这种融资方式下，贷款的还本付息完全依靠项目的经营效益。同时，贷款银行为保障自身的利益必须从该项目拥有的资产取得物权担保。如果该项目由于种种原因未能建成或经营失败，其资产或收益不足以清偿全部的贷款时，贷款银行无权向该项目的主办人追索。

（2）有限追索权的项目融资。有限追索权的项目融资，除了以贷款项目的经营收益作为还款来源和取得物权担保外，贷款银行还要求由项目实体以外的第三方提供担保。贷款银行有权向第三方担保人追索。但是担保人承担债务的责任，以其各自提供的担保金额为限，因此这种有限的追索方式称为有限追索权的项目融资。

贷款人一般只能追索到项目实体

在项目建设开发阶段，贷款人有权对项目发起人进行完全追索，在项目经营的阶段不能产生足额的现金流量的情况下，其差额部分也可以向项目发起人进行追索

如果通过"商业完工"标准测试，项目已经进入正常运营阶段，这时贷款可能就变成无追索性的了

股利分配

　　股利分配是指企业向股东分配利润。上市公司管理层在制定股利分配政策时，要遵循一定的原则，并充分考虑影响股利分配政策的相关因素与市场反应，使企业的收益分配规范化。

股利分配属于企业
税后净利润的分配

股利分配涉及的方面很多，
如股利支付程序中各日期的确
定、股利支付比率的确定、股利
支付形式的确定、支付现金股利
所需资金的筹集方式的确定等

其中最主要的是确定股利的支付比率，即用多少盈余发放股利，将多少盈余为企业所留用（称为内部筹资）。因为这可能会对企业股票的价格产生影响

影响股利分配的因素

影响股利分配的因素很多，可从政策、股东、企业运营三个方面理解。

从政策层面看，影响股利分配的因素如下：

资本保全的限制	企业积累的限制	净利润的限制	超额累积利润的限制
股利的支付不能减少法定资本，如果一个企业的资本已经减少或因支付股利而引起资本减少，则不能支付股利	为了制约企业支付股利的任意性，按照法律规定，企业税后利润必须先提取法定公积金，不能直接支付股利	规定企业年度累计净利润必须为正数时才可发放股利，以前年度亏损需足额弥补	很多国家规定企业不得超额累积利润，若超过将被加征额外税

从股东层面看，影响股利分配的因素如下：

收入与避税

企业的掌控度

（1）收入与避税。一些股东的主要收入来源是股利，他们往往要求公司支付稳定的股利。他们认为通过保留盈余引起股价上涨而获得资本利得是有风险的。若企业留存较多的利润，将受到这部分股东的反对。另外，一些股利收入较多的股东出于避税的考虑（股利收入的所得税高于股票交易的资本利得税），往往反对企业发放较多的股利。

（2）控制权的稀释。企业支付较高的股利，就会导致留存盈余减少，这又意味着将来发行新股的可能性加大，而发行新股必然稀释企业的控制权，这是企业拥有控制权的股东们所不愿看到的局面。因此，若他们拿不出更多的资金购买新股，宁肯不分配股利。

从企业运营的层面看，影响股利分配的因素如下：

盈余的稳定性

资产的流动性

融资能力

投资机会

举债能力

（1）盈余的稳定性。企业能否获得长期稳定的盈余，是其分配股利决策的重要基础。盈余相对稳定的企业相对于盈余相对不稳定的企业而言具有较高的股利支付能力，因为盈余稳定的企业对保持较高股利支付率更有信心。收益稳定的企业面临的经营风险和财务风险较小，筹资能力较强，这些都是其股利支付能力的保证。

（2）资产的流动性。较多地支付现金股利会减少企业的现金持有量，使资产的流动性降低；而保持一定的资产流动性，是企业经营所必需的。

（3）融资能力。具有较强融资力的企业因为能够及时地筹措到所需的现金，有可能采取高股利政策；而融资能力弱的企业则不得不多滞留盈余，因而往往采取低股利政策。

（4）投资机会。有着良好投资机会的企业需要有强大的资金支持，因而往往少发放股利，将大部分盈余用于投资；缺乏良好投资机会的企业保留大量现金会造成资金的闲置，于是倾向于支付较高的股利。正因为如此，处于成长中的企业多采取低股利政策；处于经营收缩中的企业多采取高股利政策。

（5）举债能力。欠债较高的企业可以通过举借新债、发行新股筹集资金等方式偿还债务，也可直接用经营积累偿还债务。如果企业认为后者适当的话（比如，前者资本成本高或受其他限制难以进入资本市场），将会减少股利的支付。

股利分配项目

盈余公积金从净利润中提取形成。盈余公积金分为法定盈余公积金和任意盈余公积金。企业分配当年税后利润时，应当按照 10% 的比例提取法定盈余公积金；但当盈余公积金累计额达到企业注册资本的 50% 时，可不再提取。任意盈余公积金的提取由股东会根据需要决定。

公益金也从净利润中形成，专门用于职工集体福利。公益金按照税后利润的 5%~10% 的比例提取。

股利（利润）的分配应以各股东（投资者）持有股份（投资额）的数额为依据，每一股东（投资者）取得的股利（分得的利润）与其持有的股份数（投资额）成正比。利润分配的顺序根据公司法的规定：先计算可供分配的利润，然后依次计提法定盈余公积金，计提公益金，计提任意盈余公积金，向股东（投资者）支付股利。

盈 余 公 积金从股利净利润中提取形成

公益金也从股利净利润中形成

股利的分配应以各股东持有股份的数额为依据

股利分配的支付方式

现金股利是股利支付的主要方式。企业支付现金股利时除了要有累计盈余（在特殊情况下可用弥补亏损后的盈余公积金支付）外，还要有足够的现金。

　　财产股利主要是以企业所拥有的其他企业的有价证券，如债券、股票作为股利支付给股东。

　　负债股利通常以企业的应付票据支付给股东，在不得已的情况下也有发行企业债券抵付股利的。

　　股票股利是企业以发放的股票作为股利的支付方式。

现金股利

财产股利

负债股利

股票股利

第 9 章

个人如何理财?
个人投资的金融工具有哪些?

　　当财富累积到一定的程度后,理财的重点在于资产的保值和增值,也就是有效地运用财富,产生投资收益,让自己和家人过更好的生活。

图解金融学

金融常识一看就懂

什么是理财?

理财包括金钱的筹集、运用、增值三个方面,通俗地讲就是赚钱、花钱、生钱。通过理财,以最低的成本筹措资金,以最高的效率运用资金,取得最大的利润收益。

打个比方来说,如果你的财富是一个水库的话,你的收入就是向水库里注水,支出就是从水库里抽水。你的支出越多,水库里的水越少,当你的支出大于收入时,水库里的水就枯竭了。

所以你要想法设法地多赚钱,尽量减少支出,让你的水库里总有丰富的水。

理财是个系统工程,它所涵盖的内容很宽泛。具体而言,理财所涉及的内容有六部分:

(1)收入——得到的财。人一生中得到的财不应仅仅包括你的工作收入,还包括你通过投资而赚到的钱。

(2)消费——失去的财。你的支出就是失去的财,失去的财也要理?没错,制订相应的支出规划有助于你缩减开销,将钱花在刀刃上。

收入——得到的财

消费——失去的财

储蓄——攒下的财

投资——
让财生财

贷款——
借来的财

保险与信托——
为财富和人生
保驾护航

工作收入是以人赚钱，包括薪资、佣金、工作奖金和自营事业所得等

理财得到的收入是以钱赚钱，包括利息收入、房租收入、股利和资本利得等

怎么分配收入？是有多少花多少，或者全部攒下来，还是拿来做投资？这就要看你如何理财了

人一生的支出包括生活支出，如衣食住行、娱乐、医疗等开销，还包括因投资与信贷运用所产生的理财支出，如贷款利息支出、保障型保险保费支出、投资手续费用支出等。

（3）储蓄——攒下的财。平常我们所说的攒钱其实指的就是储蓄，当期的收入超过支出时会有储蓄产生，而每期累积下来的储蓄就成为你的资产，也就是可以帮你产生投资收益的本金。在你的资产中，要有一部分紧急预备金，以备失业或不时之需，其他的可以用来购置自用的房屋、自用车等资产，当然还有各种理财产品。

（4）投资——让财生财。投资就是通过有效地运用投资工具，使你手中的储蓄保值增值，实现财富最大化。

当今社会，投资工具极大丰富，既有保守型的投资工具，如储蓄、国债，也有风险适中的投资工具，如基金、黄金，更有高风险投资工具，如股票、权证、期货和融资融券等。

理财的过程就是对你个人和家庭资产的优化配置，针对你的个人情况，制订适合自己的个人理财规划，将各种资产的比例配置达到最优，发挥最大的效用。

（5）贷款——借来的财。随着人们消费观念的更新，借钱消费成为越来越普遍的现象，小到用信用卡购物，大到买房、买车，人们在超前享受的同时，又对负债理财的问题十分头疼。

负债是家庭理财的组成部分之一

消费负债，如信用卡循环信用、贷款、分期付款等

自用资产负债，如购置自用资产所需房屋贷款与汽车贷款

投资负债，如融资融券保证金、发挥财务杠杆的借钱投资

对于传统观念强、心理承受能力差的人来说，不适合负债消费，否则容易被负债所累，背上沉重的负担。

对于流动资金充裕、原负债数额小且有理财经验的家庭和个人来说，适当的负债也可以融通资金、促进流动、迅速提高家庭生活质量。

（6）保险与信托——为财富与人生保驾护航。天有不测风云，护财其实就是在做风险管理，为了使自己的财产得到保护，预先做出保险或信托安排，发生损失时可以通过理财来弥补损失。

保险可以转移风险、补偿损失。当发生事故，你无法承担当时或以后的支出时，保险可以让你仍能有一笔金钱或收益来弥补缺口，降低意外收支失衡时所产生的冲击

信托安排可以将信托财产独立于其他私有财产之外，不受债权人的追索，有保护已有财产免于流失的功能

护财对家庭和个人具有不可低估的保障作用。一方面可以保障家庭生活的安定；另一方面还可以积累个人资金，例如长期人寿险就具有类似储蓄的投资作用，既能获得经济保障，又能使货币保值增值。

保本类理财工具

资本市场提供了非常丰富的理财工具，既有保本类理财工具，如储蓄、国债、保险；也有风险类理财工具，如股票、基金；更有杠杆类理财工具，如外汇、期货、期权等。

保本类理财工具是风险偏低、收益适中的理财工具。如果忽略通货膨胀和机会成本，投资风险在理论上可以视为非常适合初级入门及追求安稳收益的投资者学习使用。

（1）储蓄。银行存款是最常见的投资理财工具，它以获取利息为回报，风险最低，其收益随着银行公布的利率变化而变化。

银行存款变现能力强，即使是定期存款也可提前支取。加上银行服务网点较多，遍布城乡各地，因此这种投资工具十分方便且安全性较高。

银行存款所面临的风险是：当物价指数高于存款利率时，投资者不但不能从投资中获得收益，还要承担本金贬值的风险

目前我国各银行开办的各种存款种类很多，按期限长短来划分，可分为活期、定期、定活两便和通知存款等。

（2）保险。保险作为一种投资工具，是所有理财工具中最具防护性的，兼具投资和保险的双重功能。

保险最基本的作用是解决因疾病、意外导致的昂贵开支，保证收入不中断。它不仅保护投资者已经拥有的一切，还可以保护其依存者在其发生意外时免受财务损失

近年来随着综合医疗保障与储蓄、养老、教育、重大疾病和投资连结保险计划的推出，保险产品不仅具有传统意义上的保障功能，还具有与个人理财业务息息相关的投资功能，受到越来越多人的青睐。

（3）黄金。在我国，黄金一直被看成是"财富"的象征，民间历来就有"藏金于民"的风俗。近二十年来，黄金价格攀升，财富效应日益明显，因此黄金投资也逐渐成为个人投资理财的热门。

在现实中，黄金的价格受诸多因素的影响，其走势与经济景气度、证券走势反向

个人进行黄金投资有两大形式，即纸黄金和实物黄金。投资纸黄金的优点是操作简便快捷，资金利用率高，手续费总体上比买卖实物黄金低，同时也不用为保管担心，是现代投资的主要形式

风险类理财工具

基金、股票的价格随时在波动，它们属于风险类理财工具，投资者既有可能通过低买高卖获得巨大收益，也极有可能损失本金。

（1）股票。股票是由股份有限公司发行，用来证明投资者的股东权益和身份，并据以获取股息和红利收益的一种凭证。

股票的投资收益主要来源于两个方面：一是来自于股份有限企业的红利；二是来自于股票流通中产生的买卖差价

股票的投资风险主要是预期收益的不确定性，即股东能否获得预期的股息红利收益完全取决于企业的盈利情况，其收益是不固定的

股票的市场价格也会随企业的盈利水平、市场利率、宏观经济状况、政治局势等多种因素的影响而变化

因此，股票是一种典型的风险投资理财工具，最主要的特点是高风险、高回报。

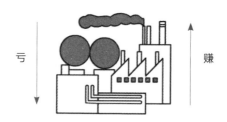

亏　　　　　　　　　　　　　　赚

（2）债券。债券是指债务人向债权人出具的，在一定时期支付利息和到期偿还本金的债务凭证。

债券投资的收益来源于两方面：一是获得稳定的高于银行存款的免税的利息收入；二是利用债券价格的变动，买卖债券，赚取的差价收益

进行债券投资，虽然
与股票等其他金融工具相
比风险小，但也会使投资
者面临风险，例如信用风
险、购买力风险等

简言之，进行债券投资，收益适中，流动性较强，风
险较小，尤其是国债，基本上是无风险收益，是个人较理
想的投资理财工具。

（3）基金。基金是将众多投资者的小额资金通过集
中而成的投资机构大户，该资金由代理投资的"基金管理
公司"进行专业的管理与投资。

基金是一种利益共享、风险共担的
投资方式，最大的特点是"专家理财"
和"化零为整"。基金的投资收益扣除
税费和代理服务费用外，其余均归购买
基金的投资者分享

杠杆类理财工具

与物理学中的杠杆原理有所不同，金融投资中的杠杆原理是金钱与金钱的碰撞。杠杆交易就是利用小额的资金来进行数倍于原始金额的投资，以期望获取相对投资标的物波动的数倍收益率，抑或亏损。

杠杆交易中投资者用自有资金作为担保，从银行或经纪商处融资放大来进行交易，也就是放大投资者的交易资金。融资的比例大小一般由银行或者经纪商决定，融资的比例越大，客户需要付出的资金就越少。

使用杠杆这个工具能够为投资者起到放大投资的效果，无论最终的结果是收益还是损失，都会以一个固定的比例增加。

利用金融杠杆时，投资者需要知道的是，一旦资金链断裂，即使最后的结果可能是巨大的收益，但是投资者在此时仍旧需要提前出局。

杠杆类理财工具有外汇、期货和期权。

（1）外汇交易。外汇交易泛指国际上不同货币之间的各类买卖业务。

外汇交易也存在杠杆交易。根据外汇交易规则，交易者只付出 1%~10% 的保证金，就可在投资市场中进行 10~100 倍额度的交易。更有一些外汇交易平台所要求支付的保证金低至 0.5%，而进行高达 200 倍额度的交易。

亚洲市场、欧洲市场、美洲市场因时间差的关系，连成了一个全天 24 小时连续作业的全球外汇市场。

不管投资者本人身在何方，只要投资者希望进行投资，那么就可以参与任何市场、任何买卖时间的交易。可以说，杠杆式外汇市场是一个没有时间和空间障碍的投资市场。

杠杆式外汇交易看似本小利大，但是其实质属于一种高风险的金融杠杆交易工具

在杠杆式外汇交易当中，参与者只支付一个很小比例的保证金，外汇价格的正常波动都被放大几倍甚至几十倍，这种高风险带来的回报和亏损十分惊人

（2）期货交易。期货是指交易双方约定在未来某个日期以约定的价格交割某种标的商品的协议。

　　期货中的杠杆效应是期货交易的原始机制，即保证金制度。"杠杆效应"使投资者交易金额被放大的同时，也使投资者承担的风险加大了很多倍。

　　假设投资者投入一笔 5 万元的资金用于股票，交易者只承担价值 5 万元的股票波动所带来的风险。

　　如果 5 万元的资金全部用于期货交易，交易者就要承担的价值 50 万元左右的期货所带来的风险，这就使风险放大了十倍左右，当然相应的利润也放大了十倍。应该说，这既是股指期货交易的根本风险来源，也是股指期货交易的魅力所在。

期货市场是一个高风险、高收益的市场

期货市场的准入门槛相对比股票市场要高，期货的投资需要投资者有相当水平的投资理论与投资技巧

（3）期权交易。期权是指在未来一定时期可以买卖特定商品的权利。它是买方向卖方支付一定数量的金额，拥有的在未来一段时间内以事先约定好的价格向卖方购买或出售约定数量的特定标的物的权利。

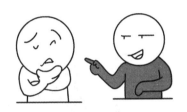

在期权交易中，买卖双方在权利和义务上有着明显的不对称性

买方有权在认为合适的时候行使或放弃权利

卖方却只有在满足买方要求履行合约时买入或卖出一定数量期权的义务

在交易过程中买方的风险是有限的，最大的风险额度为期权费，而盈利可能是无限的，也可能是有限的；而期权卖方的盈利是有限的，而亏损的风险可能是无限的，也可能是有限的

图解金融学

金融常识一看就懂